Roman Christian Hafner   Christiane Grüters   Frank Peschel

Die Reise als Schöpfer auf unserer Erde

Ihr Bewusstseinsreichtum

Titel: **Die Reise als Schöpfer auf unserer Erde.**
Ihr Bewusstseinsreichtum

Autoren:
Roman Christian Hafner
Christiane Grüters
Frank Peschel

1. Auflage 2012
Herausgegeben in Deutschland
Copyright © 2012 **RCH & GP Verlag GbR, Landsberg am Lech**
ypost@y-sky.de

Druck und Verarbeitung: deVega Medien GmbH
Umschlaggestaltung: kaltner kataloge GmbH, Bobingen
Typografie und Satz: kaltner verlagsmedien GmbH, Bobingen
Lektorat: Obst & Ohlerich Gumtow
Umschlagbild: Christiane Grüters
Illustrationen im Buch: Roman Christian Hafner, Christiane Grüters,
Frank Peschel, Annika Meitinger
Dieses Buch wurde auf klimaneutralem Papier gedruckt
und ist FSC-Zertifiziert.

ISBN 978-3-00040-222-7

Information der Deutschen Nationalbibliothek
Die Deutsche Nationalbibliothek verzeichnet diese Publikation in der
Deutschen Nationalbibliografie; detailliert Bibliografische Daten sind im
Internet über http.//dnb.d-nb.de abrufbar.

Inhalt

Die Reise als Schöpfer auf unserer Erde

I. Vorwort

Wir Menschen interessieren uns schon immer für unseren Ursprung und unsere Entwicklung hier auf der Erde und im Kosmos. Dabei zeigt uns ein Blick auf die Menschheitsgeschichte, dass es jederzeit in vielen Bereichen und auf vielen Ebenen Neues auf der Erde zu entdecken gab. Bereiche, die uns bis jetzt unmöglich, erstaunlich, undenkbar und nicht real erschienen, weil wir oft nur das zugelassen haben, was wir mit den eigenen Augen sehen, unserer Haut fühlen und mit unserem Verstand akzeptieren wollen.

Seit langem fühlen wir Menschen jedoch mehr als unsere Haut uns anzeigt, sehen mehr als unsere Augen wahrnehmen können und begreifen wir mehr, als wir denken. Diese ungewohnten Fähigkeiten sind für viele Menschen ein Paradox und genau das, was wir Menschen verstehen und begreifen wollen. Wir wollen unbekannte Phänomene in unserem Leben, in uns und bei anderen Menschen erforschen, wahrnehmen, verstehen und lernen, was noch alles möglich ist und wer wir tatsächlich sind.

Wir wollen wissen, wie die Erde entstanden ist. Wir wollen wissen, woher wir kommen. Wir wollen wissen, ob es einen Sinn für uns gibt und warum wir hier sind und tun, was wir tun. Aus diesem Wissensdrang heraus sind überall auf der Erde viele Forschungen in alle Richtungen hervorgegangen, denn wir wollen „Wissen".

Dass unser Verlangen nach Erklärungen nicht gestillt und so manche Phänomene bisher nicht erwiesen sind, liegt zum Teil daran, dass unsere Wissenschaften noch keinen Weg gefunden haben, sie zu erforschen, zum Teil daran, dass es in einigen Bereichen auch noch kein Interesse gab, dies zu tun und nicht zuletzt daran, dass sie noch nicht wissen, dass in allem noch mehr Möglichkeiten vorhanden sind. Was aber nicht heißt, dass es viele „Phänomene", einmalige Erlebnisse und andere Wirklichkeiten nicht gibt.

Auch ohne die Wissenschaften gelangen immer mehr Menschen zu der Erkenntnis und dem Bewusstsein, dass ungewohnte Phänomene in unserer Wahrnehmung und unglaubliche paradoxe Geschichten offensichtlich mit unseren Fähigkeiten und unseren Lebensumständen hier auf der Erde im Zusammenhang stehen. Diese Wahrnehmung ist der Grund, warum wir Menschen beginnen, uns auf unsere geistigen und physischen Fähigkeiten einzulassen – erstaunt und verwundert über das, was wir alles können, wozu wir fähig sind und inwieweit wir unsere Fähigkeiten überall einsetzen können. Und doch immer wieder überrascht, dass es noch so viel anscheinend „Unmögliches" und „Unerforschtes" zu entdecken gibt.

Unser Buch möchte Anstöße geben, über die allgemein gültigen Wahrheiten nachzudenken und erzählt von einer Wahrheit, die vielleicht auch die Ihre ist.

Es kann Sie in neue Sphären des Denkens führen, Ihnen neue Fenster und Felder des Wissens eröffnen und Sie dabei den Antworten zu Ihren Fragen ein Stück näherbringen.

Wir wünschen Ihnen viel Freude bei der Wahrnehmung neuer Erkenntnisse und Wahrheiten, als auch eine bereichernde Reise zu einem besseren Verständnis vom Sinn des Lebens und seinen Zusammenhängen.

Roman Christian Hafner   Christiane Grüters   Frank Peschel

II. Vorgeschichte

Vor zehn Jahren begegneten die beiden Autoren Christiane Grüters und Frank Peschel Roman Christian Hafner zum ersten Mal. Damals hatten alle drei die Idee, gemeinsam ein Buch über Roman Christian Hafner und seine Gabe der außersinnlichen Wahrnehmung und dadurch angeregt, über das, unser bisheriges Wirklichkeitsverständnis hinausreichende, Sichtbare und Unsichtbare zu schreiben. Bis es soweit war, sollten jedoch noch einige Jahre vergehen und jeder von ihnen weitere Erfahrungen in seinem Leben sammeln können. Nun ist es soweit und die Geschichte kann ihren Lauf nehmen.

Roman Christian Hafner ist ein außergewöhnlicher Mensch, dessen Leben geprägt ist von der Fähigkeit – in für uns noch unvorstellbaren Größenordnungen –, Außersinnliches wahrzunehmen. Seine Begabung ermöglicht es ihm, weit über das bisher menschlich Messbare oder Erfahrbare hinaus, Bereiche der Natur, des Menschen, der Materie und damit zusammenhängende Ereignisse und Sachverhalte jeglicher Art für den Betrachter zu beleuchten. Nicht nur irdische, sondern auch kosmologische Zusammenhänge, im engeren und weiteren Sinne des Bewusstseins des Menschen sind für ihn, durch seine außersinnliche Fähigkeit, erklärbar.

Seine Besonderheit liegt nicht ausschließlich in der Fähigkeit, durch sein Bewusstsein und seine Gabe der Wahrnehmung, Informationen jeglicher Art abzurufen, sondern parallel dazu, auf unterschiedlichen Ebenen weiterreichende Transformationen vorzunehmen. Dabei ist er in der Lage, dafür notwendige Informationen in die Ebenen einzuführen oder umzuwandeln.

Seit seiner Geburt ist es Roman Christian Hafner möglich, in den Datenbanken, gemeint sind Wissen und Informationen in Energiefeldern, unseres und anderer Universen zu lesen, zu sehen und mit weiteren Sinnen wahrzunehmen. Als kleines Kind spielte er immer wieder mit seinen Fähigkeiten, überall mehr als andere zu sehen und wahrzunehmen, ohne sich des ganzen Ausmaßes seiner Fähigkeiten bewusst zu sein. In einem längeren Lernprozess erkannte er, dass es nur sehr wenige Menschen gibt, die all das wahrnehmen können, was er wahrnehmen und sehen kann.
Sein nächstes Umfeld und seine Familie konnten nicht sehen und erkennen, was er sieht. Sie nahmen nicht wahr, dass rings um ihn herum die Welt anders für ihn aussah, mit vielen Farben und Formen und anderen Wesen und Energien, die sich hier auf unserer Erde tummeln. Nur seine Mutter erkannte zunächst diese Gabe und wurde seine Wegbereiterin, die ihn förderte und unterstützte. Ganz im Gegensatz zu den meisten Menschen, die Wahrnehmungsseminare besuchen, um außerhalb ihres gewohnten Sichtfeldes etwas wahrzunehmen, musste Roman Christian Hafner sich erst an unsere Sicht der Dinge gewöhnen. Das normale „Sehen" gestaltet sich für Roman Christian Hafner so, dass alles voller bunter Farben ist und erst wenn er sich auf Formen konzentriert, Formen und Gegenstände für ihn sichtbar werden.
Seine Fähigkeiten und der Unterschied zu anderen Menschen und ihren Wahrnehmungen wurde Roman Christian Hafner mit ca. elf bis zwölf Jahren bewusst. Spielerisch entwickelte er seine Gabe.

So hat er in der Schule, während er eine Arbeit schrieb und zu faul war den Stoff zu lernen, die Felder der Erde nach Informationen abgesucht, um irgendwelche relevanten Inhalte auf sein Blatt zu bringen. Oder er schaute die Lösung beim Nachbarn ab. Die Lösung erhielt er jedoch nicht durch das Abschauen vom Blatt, sondern durch das Lesen in den Gedanken des Nachbarn. War dieser Nachbar in dem jeweiligen Fach nicht so gut, half ihm diese Information auch nicht wirklich weiter.

In seinem zwölften Lebensjahr begann Roman Christian Hafner dann, Menschen bewusst zu lesen, sprich Informationen wahrzunehmen, die zu einer Person gehören, bzw. ihre Felder abzusuchen und zu erfassen. So lernte er, wie die meisten Menschen im Allgemeinen und im Besonderen „ticken". In dieser Zeit fand er niemanden, mit dem er darüber hätte reden können. Erst in einem Seminar von Kurt Tepperwein konnte Roman Christian Hafner mit anderen Menschen über seine Fähigkeiten sprechen. Allerdings traf er auch dort niemanden, der genauso war wie er; ein Mensch, der sich in vielen Feldern aufhalten, diese auslesen und von und für Menschen Informationen scannen konnte.

Eine Zeit lang suchte Roman Christian Hafner nach Menschen, die die gleichen Fähigkeiten besaßen wie er. Nach einer Weile bemerkte er jedoch, dass die Menschen, die er traf und die auch scannen konnten, nicht von Natur aus über diese Leseeigenschaften verfügten. Meistens waren es von den Leuten antrainierte und angelernte Fähigkeiten. Was sich in dem Umfang der Informationsaufnahme bemerkbar machte. Roman Christian Hafner sieht Energiefelder und kann zudem weitere Felder durchsuchen sowie anschauen, um immer mehr Informationen über das Fokussierte zu erhalten. Es ist ihm zum Beispiel möglich Energiefelder und Wesen, die sich in der Atmosphäre oder der Materie aufhalten, so wie beispielsweise magnetische Felder und Energieströme als auch unter anderem Engel, Gnome und Elfen zu sehen und mit ihnen zu kommunizieren. Mit den Jahren erweiterten sich die Möglichkeiten seiner Wahrnehmung durch seine Bewusstwerdung bezüglich der vielen Fähigkeiten. Damit einhergehend entwickelte sich seine Arbeit mit unterschiedlichen Energien auf den vielen verschiedenen Ebenen.

Für Roman Christian Hafner ist das „Felder lesen" eine Art Anker geworden, damit er weiß, dass er hier auf der Erde ist. Von seinem Gefühl aus betrachtet, ist er oft zwischen hier und überall. Er fühlt sich dann als Planet (wie auch immer sich das anfühlt) oder als anderes Wesen; ist also nur physisch anwesend. Für uns ist das in der Regel schwer nachzuvollziehen, aber die geistigen und unsichtbaren Energien machen den größeren Teil in unserer physischen und sichtbaren Welt aus. Mithilfe des Lesens der Felder zieht er sich wieder in „unsere" Realität hinein.

Durch seine erweiterte Wahrnehmung von Energien und Sachverhalten, ist es für ihn nicht immer einfach, für uns zum Beispiel normale Abläufe oder Planungen nachzuvollziehen oder zu verfolgen. Andererseits erledigt Roman Christian Hafner seinen Alltag, wie alle anderen Menschen auch und bewältigt zum Teil die gleichen Themen.

Schöpfer sein heißt auf der irdischen Ebene nicht, dass man auf der Erde alles „richtig" macht. Man ist als Schöpfer hier, weil man auch alle menschlichen positiven und negativen Erfahrungen machen möchte, die nicht immer unbedingt schöpferisch scheinen. Ein Schöpfer auf Erden bedeutet nicht, ein perfekter Mensch zu sein.

Roman Christian Hafner macht sich bewusst, dass vieles, was um ihn herum geschieht, Spiegelungen, Reflexionen und Abbilder seiner Selbst sind. In seiner Funktion als Schöpfer empfindet sich Roman Christian Hafner wie ein Reisender, der dort, wo er gerade ist, ein Signal setzt, viel Spaß damit hat und dann weiterreist. Diese Signale, die er setzt, werden auf der physischen Ebene sichtbar, indem zum Beispiel Menschen und Situationen sich verändern.

Was ihn zusätzlich sehr an die Erde bindet, ist der Spaßfaktor, den man hier auf der Erde haben kann. Je mehr Freude er hat um so mehr geerdet ist er. Roman Christian Hafner nimmt die Erde dann als physikalische Realität wahr. Ist er in der physikalischen Realität, sind alle bewussten und unbewussten Menschen für ihn sichtbar. Befindet er sich in der energetischen Realität, nimmt er hauptsächlich die bewussten Menschen wahr, da unbewusste Menschen energetisch eine andere Frequenz haben. Stellen Sie sich vor, Sie fliegen nachts mit dem Flugzeug über eine Stadt und nur die hell erleuchteten Straßen sind sichtbar und alles andere verschwindet in der Dunkelheit. So sind alle Straßen zwar da, aber doch nicht sichtbar.

Da Roman Christian Hafner hier auf der Erde viel Freude haben und sehen wollte, was er hier alles bewirken kann, hat er dem Auslesen von Datenbanken sehr viel Zeit gewidmet. Eine Besonderheit von Roman Christian Hafner ist die Fähigkeit, beim Lesen und Scannen der Datenbanken und Felder vorab herauszulesen, wer die Informationen in die Felder gesetzt hat, also von wem die dort vorgefundenen Informationen stammen. Wenige Menschen, die aus Feldern lesen, wissen, wer diese Felder kreiert hat und zu welchem Zweck sie aufgebaut wurden.

Der große Unterschied zu anderen Lesern besteht auch darin, dass Roman Christian Hafner sich seiner Schöpferebene bewusst ist und lesen kann, was er auf der Schöpferebene ins Feld eingegeben hat und was er damit bewirkt. Es ist so, als ob wir uns vor langer Zeit Ziele auf ein Blatt Papier geschrieben haben und nach Jahren nachlesen können, was wir geschrieben haben, was sich verändert hat und auch, um diese Ziele noch mal zu überprüfen. Derzeit hat Roman Christian Hafner das Gefühl, dass die Informationen, die er im Schöpferbewusstsein in die Felder gibt, auch von anderen Schöpfern gelesen und geteilt werden.

Dadurch, dass Roman Christian Hafner fast immer voll bewusst ist, kann er auf der Schöpferebene Dinge tun, die uns bis jetzt noch verborgen scheinen. Das bedeutet aber auch, dass Roman Christian Hafner mit einer ganz anderen Verantwortung umgeht, als wir sie kennen.

Durch die ihm im Laufe der Zeit bewusst gewordenen Seinsebenen konnte er mehr von sich selbst entdecken und mehr über seine Fähigkeiten herausfinden. Auf der Suche nach dem, was wirklich real ist, kommt er zu der Erkenntnis, dass die Dinge Realität für uns sind, die wir als nächstes entdecken (z. B. Menschen, Situationen, Wahrnehmungen, Gefühle, Gegenstände). Das Entdecken gibt uns die Möglichkeit, uns selbst als Mensch oder Schöpfer zu erfahren. Das heißt, wir benutzen und setzen von uns entdeckte Dinge für unsere Zwecke ein, um damit wieder eine neue Realität für eine neue Erfahrung zu erschaffen. Realität ist, was wir entdecken.

Bis zu seinem neunundzwanzigsten Lebensjahr lebte Roman Christian Hafner seine Gaben mehr im Stillen. Er machte eine Lehre und arbeitete anschließend in der Computerbranche, bis er zu dem Entschluss kam, seine Fähigkeiten – seine Berufung – zum Beruf zu machen.

So beantwortet er seit über zehn Jahren viele Fragen zu Themen auf der Erde, des Universums und darüber hinaus aus den verschiedensten Datenbanken heraus. Die Menschen stellen Fragen, damit sie Antworten und Hilfe in vielen Lebenslagen erhalten, weitere Möglichkeiten für sich aufgezeigt bekommen und ihr eigenes Bewusstsein erweitern können. Angefangen bei Privatpersonen kommen Kunden auch aus den Reihen der Ärzte und der Wirtschaft sowie dem öffentlichen Leben. Immer seinen Fokus darauf gerichtet, dass auch für ihn viel Freude dabei zu erreichen war und ist.

Zu Beginn seiner Karriere als selbstständiger Berater und Leser, lernten Christiane Grüters und Frank Peschel Roman Christian Hafner kennen. Bereits damals gaben sie sich als „Schöpfer" das Signal, zusammen an dem Bewusstseinswandel auf der Erde mitzuwirken. Was Christiane Grüters und Frank Peschel gar nicht vollends bewusst war, damals. Als Roman Christian Hafner diese Information vor zehn Jahren wahrnahm, überwältigte ihn das erst einmal, denn in diesem Moment wurde ihm bewusst, was er die ganze Zeit wahrnahm – welche wundervollen Ereignisse sich entwickeln. Erst mit den Jahren wurde immer klarer, was das für alle drei bedeutete. Da jetzt die Zeit des Bewusstseinswandels gekommen ist und jeder darüber spricht, ist es an der Zeit, dieses Thema, das wir drei uns auf der Schöpferebene gegeben haben, anzugehen. Die Autoren Christiane Grüters und Frank Peschel sind – wie die meisten von uns – mit vielen Gaben, von welchen wir jedoch nichts wussten, aufgewachsen. Sie lernten sich auf einem Seminar während der Abiturzeit kennen und blieben immer in Verbindung. Christiane Grüters Interesse für die feinstoffliche Welt wurde ihr erst nach dem Betriebswirtschafts- und Sportstudium und während ihrer Zeit als freie Handelsvertreterin bewusst. Kurze Zeit später lernte sie Roman Christian Hafner kennen. Sie beschäftigt sich seitdem mit neuen Heilmethoden, Methoden der Wahrnehmung und des Bewusstseins und lernte, in Feldern zu lesen. Das Lesen und Scannen erweitert ihren Wirkungsbereich um das Malen energetischer Bilder und die Beratung anderer Menschen, sowie die Mediation. Mit jeder neuen Erfahrung vergrößert sich ihr Spektrum der Möglichkeiten. Frank Peschel entdeckte nach der Anstellung in einer Galerie, dem Studium der Psychologie und während seiner Zeit als freier Handelsvertreter seine Fähigkeit des Lesens in den unterschiedlichsten Datenbanken während eines Workshops. Er begann Felder zu erforschen, um diese nach Antworten für Menschen und ihre Fragen zu durchsuchen und Hilfesuchende in allen Themenbereichen zu beraten. Er experimentierte immer mehr mit seinen neuen Fähigkeiten, die er in kürzester Zeit rasant weiterentwickelte und ihm die spielerischen Möglichkeiten jeder Situation offenbarten.

Seit über zehn Jahren leben die Autoren Frank und Christiane zusammen mit ihren beiden Söhnen im Süden von Deutschland. In den letzten Jahren haben sie, wie viele andere Menschen auch, Veränderungen in sich und in anderen Bereichen des Lebens wahrgenommen und geschehen lassen. Diese Veränderungen haben sie zum Teil bewusst, zum Teil aber auch unbewusst in ihrem Leben wahrgenommen. Das Kernziel ist es, sich weiterzuentwickeln und dabei sind sie immer interessiert daran, Antworten auf die Fragen des Lebens zu finden.

Durch viele Gespräche mit Roman Christian Hafner und nachdem er beide über die Jahre hinweg immer wieder beraten und ihre Fragen in vielen Bereichen beantwortet hatte, trafen sich alle im Jahr 2012 wieder und wussten, dass jetzt die richtige Zeit gekommen war, dieses Buch zu schreiben.

Die Reise als Schöpfer auf unserer Erde

III. Einleitung

Das vorliegende Werk ist aus vielerlei Gründen kein gewöhnliches Buch. Sein Ursprung lebt von dem Bedürfnis, so manchen in der Welt kursierenden Wahrheiten über die Erde und den Menschen, eine erweiterte Wahrheit aus einer anderen Betrachtungsebene hinzuzufügen. Das Besondere an unserem Buch ist daher die innovative Ausrichtung dieser Denkweise.

Es richtet sich an Menschen, die sich und bestehende Wahrheiten hinterfragen, die von unserem menschlichen Wissen und Gefühl heraus als nicht stimmig empfunden werden und auch noch viele erklärende Annahmen offen lassen, und das Denken und Überprüfen selbstverantwortlich übernehmen.

Wir beantworten Fragen aus dem Bereich der Metaphysik, also zum Fundament und den Voraussetzungen sowie den oft sogenannten „ersten Gründen" des Seins. Es geht folglich um Fragen aus dem weiten Feld der Ontologie, die das Seiende der Grundstrukturen der Wirklichkeit – Gegenstände, Eigenschaften und Prozesse – durchleuchtet. Auf diesen Fragen aufbauend ergibt sich, dass Ihnen einige Antworten vielleicht schon geläufig sein werden, Sie manche Sichtweise schon mal irgendwo gehört haben oder Sie nun eine Bestätigung Ihrer Vermutungen finden. Andererseits finden Sie in unserem Buch auch Schilderungen, die Ihnen vielleicht zuerst unbekannt und abwegig erscheinen. Eventuell gibt es Dinge, die Sie zunächst nicht nachvollziehen können und manche Erkenntnisse werden sich eventuell erst später einstellen. Je weiter Sie die folgenden Perspektiven auf sich wirken lassen, desto eher können Sie wahrnehmen, wie sich Ihre Betrachtungsweise der Wirklichkeiten erweitert. Ihr bewusstes Sein wird das bisher Gelernte hinterfragen und sich neu sortieren. Es macht einen Bewusstseinsschritt. Da wir alles hinterfragen, beginnen wir das Buch mit den für uns Menschen wichtigsten Themen über die Erde und das Leben.

In unseren Kapiteln von der Entstehung und Entwicklung der Erde bis in die heutige Zeit hinein und darüber hinaus, gehen wir einigen Fragen aus diesen Bereichen auf den Grund. Im ersten Kapitel beschäftigen wir uns mehr mit der metaphysischen Betrachtung der Erde und den Fragen: Warum gibt es die Erde? Wie ist sie entstanden? Was ist die Aufgabe und das Besondere der Erde für uns Menschen? Warum spielt die Liebe auf unserem Planeten eine so große Rolle?

Im Kapitel über die Entwicklung der Erde bis heute sprechen wir über unseren Auftritt und unsere evolutionäre Entwicklung auf dem blauen Planeten als auch über die Herkunft der Pflanzen und Tiere. Wir stellen uns die Frage, inwieweit Religionen und Machtstrukturen auf unsere Entwicklung Einfluss genommen haben und welcher Sinn und Zweck damit verfolgt wurde.

Im dritten Kapitel wollen wir wissen, wo Schöpfer, also wir, eigentlich herkommen. Warum wir hier auf der Erde sind? Ob es hier Dinge zu tun gibt oder ob wir hier auf diesem Planeten überhaupt einen Sinn verfolgen? Und wenn es einen gibt, welchem Zweck er dient? Was sind unsere Fähigkeiten als Schöpfer und was macht uns aus?

In unseren letzten beiden Kapiteln widmen wir uns der Bewusstseinsentwicklung und energetischen Besonderheiten seit 2012 und den energetischen Entwicklungen des Raum-Zeit-Phänomens ab 2013. Was geschieht in verschiedenen Ebenen in dieser Zeit? Welche Veränderungen sind energetisch bereits sicht- oder fühlbar, und welche Veränderungen sind noch am Anfang ihrer Entwicklung? Und wie entwickelt sich unser Verständnis von Materie? Wie empfinden wir zukünftig Raum und Zeit?

Unsere Erläuterungen gehen in allen Kapiteln über das logisch sachlich messbare Denken hinaus. Wir sind uns daher bewusst, dass unsere Darstellung momentan kaum einer wissenschaftlichen Betrachtungsweise standhalten würde. Die Forschung (z. B. Quantenphysik) hat jedoch gezeigt, dass die reine, logisch greifbare Wissenschaft und die Metaphysik zusammengehören. Sie bedingen einander, denn die dadurch angeregten Erforschungen und Entwicklungen in allen Bereichen der Vergangenheit bis heute, die die Erde und uns Menschen betreffen, bringen uns auch in Zukunft in weitere Sphären des Fühlens und Wissens. Warum sonst sollten wir Menschen wissbegierig, verspielt und gefühlshungrig sein?

Bevor wir mit unserer Reise beginnen, möchten wir Ihnen gerne noch einige Erläuterungen zum besseren Verständnis mit auf den Weg geben. In unserem Buch verwenden wir immer wieder den für uns neutralen Begriff „Schöpfer". Dabei sehen wir den Schöpfer in erster Linie als weiblich und männlich zugleich. Schöpfer nehmen besonders auf der Erde, zur eigenen Erfahrung und Entwicklung, gerne weibliche oder männliche Wesenszüge an, um diese auszuleben. Sollte dies für das bessere Verständnis wichtig sein, so werden wir in unserem Buch näher darauf hinweisen. Weitere Erläuterungen zu den in unseren Kapiteln verwendeten Begriffen sowie unsere Definition eines Schöpfers, finden sie im Glossar. Durch unsere Darstellungen werden Sie in Ihren Fähigkeiten bestärkt und erfahren mehr dazu, wie Sie mit neuen Gegebenheiten in unserer schnelllebigen Zeit des Wandels von Informationen, Naturereignissen und Fortschritt umgehen können. Egal zu welcher Zeit Sie dieses Buch lesen, die Informationen und das Lesen sind für einen Bewusstseinsschritt wichtig und bleiben stets aktuell.

Besonders gerne haben wir in unserem Buch zur Beschreibung oder Erklärung mancher Vorgänge die Computersprache und alle dem Computer zugeschriebenen Bereiche verwendet. Der gesamte Computerbereich von Hardware bis Software und alles, was dazu gehört, zeigt uns im Kleinen, wie es im Großen funktioniert. Da die meisten Menschen mittlerweile dem Computer weitreichend zugänglich sind und uns der Vergleich immer offensichtlich war, haben wir diese Art der Beschreibung ganz bewusst gewählt.

Was unser Buch noch besonders macht, ist seine Entstehung und Entwicklung. Da wir drei dieses Buch gemeinsam geschrieben haben, bringt jeder seine Besonderheit und seine Ideen mit ein. Eine Besonderheit jedoch ist Roman Christian Hafners Fähigkeit, die angesprochenen Themen so zu sehen und zu beschreiben, wie er sie wahrnimmt. Da wir festgestellt haben, dass manche gut gemeinte Umformulierung die Informationen verfälschte, versuchen wir sprachlich so dicht bei den gesprochenen Worten zu bleiben, wie irgend möglich.

Zu guter Letzt: Am unteren Rand im Buch verteilt finden Sie verschiedene Symbole. Zur spielerischen Schulung Ihrer Wahrnehmung und Sinne schlagen wir Ihnen eine kleine Übung vor. Jedes Mal, wenn Sie mit dem Lesen beginnen, wählen Sie von dem unteren Rand der Seite im Buch ein Symbol aus. Betrachten Sie es zu Beginn und beobachten Sie, was es bei Ihnen sinnlich bewirkt (Sehen, Fühlen, Hören, Schmecken, Riechen u. s. w.) und ob es einen Einfluss auf die gelesene Information für Sie bedeutet. Spielen Sie mit dem Symbol und den Farben. Das Spiel dient Ihrem geistigen Training. Sie schauen auf einer energetischen Ebene, was Farben und Formen bei Ihnen auslösen.

Viel Freude bei unserer gemeinsamen Reise durch Raum und Zeit!

Die Reise als Schöpfer auf unserer Erde

IV. Die Entstehung der Erde

In wissenschaftlichen Theorien und Schöpfungsmythen ist bis heute sehr viel über die Entstehung der Erde geschrieben und nachgedacht worden. Beide Bereiche meinen, die jeweils richtige Antwort auf die philosophischen und wissenschaftlichen Fragen des Wie, Woher und Warum der Erde zu haben. In der Wissenschaft als auch der Mythologie ist es jedoch so, dass sie bisher keine für unseren Verstand, unsere Vernunft oder unser Gefühl letztendlich befriedigende, sichere, nachweisbare Antwort haben. Es sei denn, wir geben uns mit dem zufrieden, was man uns bisher erzählt hat oder was wir bisher wissen.

Die Schöpfungsmythologien haben meistens den gleichen Ursprung, beispielsweise den eines Gottes oder einer alles entspringenden Einheit. In der Wissenschaft wissen wir mittlerweile, dass nichts so alt ist wie das Wissen von gestern und sich durch neue Entdeckungen, Erkenntnisse und Entwicklungen immer wieder neue Wissensfelder auftun und so manches alte, sicher geglaubte Wissen verworfen wird. So liegt es auch an uns, zu unterscheiden, was wir hören, glauben oder wahrhaben wollen. Viele Menschen auf unserer Erde schließen sich der Mehrheit des Gängigen und dem, was ihnen gelehrt worden ist, an, ob es stimmt oder nicht. In manchen Bereichen ist das bis jetzt auch gut so, denn sonst würde unser tägliches Miteinander hier auf dem Globus nicht fließen können.

Nimmt man aber alles, was sich über die Jahrtausende in der Wissenschaft und Mythologie gezeigt hat, zusammen, kommt man an den Punkt, an dem man sich denkt: ‚Es muss doch an beiden Ansichten etwas Wahres dran sein, sodass die Welt, also auch der Kosmos, etwas Lebendig-Organisches außerhalb unseres bisher bekannten Wissens ist.‘ Auf dieser Grundlage basieren unsere Schilderungen. Das heißt, dass alles lebendig und organisch ist und eine bewusste oder unbewusste Funktion einnimmt. So ist auch die Erde entstanden, aus einem Bewusstsein heraus, etwas bewirken zu wollen. Bevor wir fortfahren, möchten wir erst noch kurz erzählen, wie es dazu kommen konnte.

Die Urschöpfung oder Urkraft (also alles, was ist) hat als lebendig-organische Funktion, den Weltraum als Spiegelung aus sich selbst heraus erschaffen. Zu Beginn war die Urkraft ohne Bewusstsein und, da die Urkraft immer in Bewegung ist und sich verändert und so Neues hervorbringt, kam es zu einer Entwicklung wie Bewusstsein und Materie. Sie ist wie ein Geist, der keine Richtung hat, der sich einfach bewegt und aus welchem irgendetwas entstehen kann. Sobald sie damit bewusst arbeitet, kann alles entstehen.

Das Bewusstsein, dass die Urschöpfung sich im Ganzen spiegeln wollte, ist entstanden, weil die Urkraft in sich eine Bewegung ist, aber gar nicht weiß, was sie ist. Irgendwann hat die Urkraft das Signal entdeckt, dass sie was hat, was sie ist, sie es aber nicht wahrnehmen kann – woraufhin sie entdeckte und begann, sich zu spiegeln.

Auf der Erde spiegelt sie sich in Form physikalischer Materie wieder. Spiegelung bedeutet, sich selbst durch bewusste oder unbewusste Aktion und Transformation in „Anderem" bewusst oder unbewusst zu erfahren, wahrzunehmen, zu sein, zu sehen und vieles mehr. Das „Andere" spiegelt hier Aspekte der Urschöpfung wider. Wie oben so unten, wie innen so außen. Die Urkraft bildet als Spiegelungen aus sich heraus verschiedene Formen der Materie, wie zum Beispiel unser Universum.

Die Urkraft lässt aus sich jedoch nicht nur Materie als Spiegelungen entstehen, die im gesamten Universum zu finden sind, sondern auch andere Dimensionen, Ebenen und Formen, die nicht aus Materie bestehen, wie zum Beispiel reine Gedanken und Informationen. Es können aber auch zum Teil andere Energien, Ebenen und Formen sein, die wir bisher noch nicht entdeckt haben.

Wir können uns das so vorstellen, dass unser Universum in einem Luftballon ist und es neben unserem Luftballon noch ganz viele andere Luftballons gibt. In jedem Luftballon befindet sich etwas anderes. In dem einen Luftballon ist eine Gedankenwelt zu finden, in dem anderen Luftballon bestimmte kuriose Energien und wir leben in dem Luftballon, der für uns hauptsächlich aus sichtbarer Materie besteht. Unser Luftballon ist ein Spielparadies, in dem wir Materie erschaffen können.

Die Entstehung der Erde in unserem Universum ist geschehen, weil in diesem Universum unendlich viel Materie in vielen Formen vorhanden ist. Einige aus den Spiegelungen der Urschöpfung hervorgegangene Schöpfer haben sich bereit erklärt, diese Materie in physikalische Materie umzuwandeln. Die so entstandene physikalische Materie ist folglich eine Spiegelung dieser Schöpfer, die diese Umwandlung bzw. Transformation vornahmen.

Auf diese Art und Weise hat sich das Universum mit Galaxien, Sternen und Planeten sichtbar gebildet. Es gibt Millionen von Schöpfern, die irgendwas entstehen lassen, manche lassen ganze Galaxien entstehen. Andere lassen große schwarze Löcher entstehen, weil es ihnen Vergnügen bereitet, alles zusammenzusaugen und sie nicht genau wissen, was sie machen wollen. Einer dieser vielen Schöpfer spiegelt sich in der Erde. Die Erde ist entstanden, weil es einen Schöpfer gibt, der sich aus seinem Bewusstsein heraus in Form von Materie sehen und wahrnehmen wollte und dazu die Erde als Spiegelung von sich selbst erschaffen hat. Seine zündende Idee, dies umzusetzen, war hierbei der Beginn der Entstehung der Erde. Zum Alter der Erde lässt sich in menschlichen Jahren wenig sagen und es lässt sich in menschlichen Zeitangaben auch aus dem Grund nicht ausdrücken, da die Erde lange vor ihrer Materialisierung bereits als Bewusstsein von ihrem Schöpfer existierte. In der Erschaffung der Erde sah der Erdschöpfer für sich die meisten Möglichkeiten, sich zu spüren, zu fühlen, zu entwickeln, wahrzunehmen und schöpferisch tätig zu sein. Die Erde ist somit eine Spiegelung eines einzelnen Schöpfers, der bereits sehr viel erschaffen hat und sehr bewusst ist. Er ist sehr kreativ und lässt ständig etwas Neues entstehen.

Wir möchten darauf hinweisen, dass mit dem Schöpfer, der die Erde erschaffen hat, nicht die Urschöpfung oder die Universalkraft gemeint ist, sondern dieser Schöpfer ein Schöpfer von vielen ist. Viele Menschen halten den Schöpfer, der die Erde für sich erschaffen hat, für einen Gott. Dabei ist dieser Schöpfer ein Schöpfer von vielen, die im Universum etwas erschaffen. So wie wir. Wir sind ebenfalls Schöpfer, die Planeten erschaffen haben. Auch wenn wir uns das nicht vorstellen können. Da wir Menschen uns aber entschieden haben, gerade diese Erschaffung und dieses Spiel hier auf der Erde mitzuspielen, sind wir uns unserer eigenen Schöpfungen momentan nicht so bewusst, denn das Nicht-mehr-bewusst-Sein und das sich Wieder-bewusst-Werden gehören mit zum Spiel des Lebens hier auf unserem Planeten.

Wir sind Bewusstsein des Universums. Das Universum, oder besser gesagt die universelle allumfassende Energie der Urschöpfung, ist alles und nichts und hat uns als sein Bewusstsein freigestellt, um sich selbst in einer weiteren Art erfahren zu können. Das heißt, dass die allumfassende Energie sich nur durch die Freigabe ihres eigenen Seins in sich selbst erfährt. Wir sind davon ein besonderer, einzigartiger Teil, der das Allumfassende hier auf der Erde zum Leben erweckt. Wir Menschen sind dabei in der materiellen Ebene der Erde gelandet. Dabei bewegen wir uns hier als bewusste und unbewusste Schöpfer. Die unbewussten Schöpfer nennen wir hier Schlafende. Das sind Schöpfer, die sich bereits anders gespiegelt haben oder angefangen haben, sich zu spiegeln und sich auch anderweitig in Materie verwandeln konnten. Beispielsweise in Planeten, in Wesen, in Sonnen, in Menschen, in alles Mögliche, nur sind sie sich dessen nicht mehr bewusst.

Die Aufgabe der Erde, die der Erdschöpfer ihr unter anderem mitgegeben hat, liegt nun darin, so viele Schöpfer wie möglich aufzuwecken. Das gilt für die Schöpfer, die neu in die materielle Ebene gekommen sind, aber auch für jene, die auf der materiellen Ebene schon einiges erschaffen haben, jedoch noch nicht in ihre volle Kreativität kommen konnten, um sich hier auszuleben.

Die Erde nutzt dazu das Bewusstsein des Schöpfers, der sie erschaffen hat. Der Erdschöpfer hat der Erde sein Bewusstsein gegeben und eine Energie, die selbst denken kann. Das ist, was wir Menschen mit „Gaia" verbinden. Die Schöpfer, die schon lange auf der Erde aktiv sind, gaben ihr diesen Namen, um für alle eine einheitliche Energie festzulegen. Die einheitliche Energie der Erde ist eine spannende Signalebene, weil wir Menschen über diese Ebene durch alle anderen Ebenen hindurch mit allen Schöpfern kommunizieren können. Wir sind mit allen Schöpfern verbunden, die aktiv sind und nehmen kleinste materielle Veränderungen oder Bewusstseins-Energiefelder über die Erde wahr. Im Hintergrund der

Erde mit ihren Energieebenen steht jedoch immer der eine Erdschöpfer.

Der Schöpfer der Erde hat bereits andere Planeten, die energetisch männlich und neutral sind und die keine Bewegungsform haben, erzeugt. Sie befinden sich in anderen Bewusstseinszuständen, wie beispielsweise Glück. Diese Zustände brachte er in Form von Planeten hervor, damit diese Energien immer in seinem System vorhanden sind. Ein Schöpfer ist von seiner Energie her neutral, weder männlich noch weiblich. Es gibt Schöpfer, die sich mehr in eine männliche oder weibliche Qualität bewegen. Sie tun das, weil sie dort mehr Leichtigkeit beim Spielen haben, nicht weil sie es sind. Damit der Erdschöpfer selbst ein größeres Spiel um sich herum entwickeln kann, wählte er in der Entstehung seiner Spiegelung den Aspekt der Weiblichkeit und das Weibliche als Bewusstseinszustand der Erde. Die Weiblichkeit der Erde steht dafür, dass sie sich permanent neu erfinden und umbauen kann. Sie ist in einer weiblichen Aktivität und macht immer wieder alles neu. Wir sind aus dem Grund hierher gekommen, weil wir auf diesem Planeten der Weiblichkeit am meisten erzeugen oder verändern können und hier die meiste Bewegung für uns möglich ist, in der sich die Erde immer wieder neu erfinden kann.

Hinzu kommt, dass der Unterschied zwischen dem Schöpfer der Erde und vielen Schöpfern anderer Planeten oder Sternen darin liegt, dass dieser Schöpfer die Erde aus einem Liebesprinzip heraus erschaffen hat. Für den Schöpfer der Erde ist Liebe seine Lieblingsenergie. Es ist die Energie, in die er sich verliebt hat. Es ist die Energie, die schon immer hier auf der Erde vorhanden war. Die wenigsten Schöpfer nutzten zur Erschaffung ihrer Planeten das Prinzip der Liebe. Andere Schöpfer wählten bei der Erschaffung ihrer Planeten zum Beispiel das Prinzip Reichtum, Natur, Emotionen, Technologie, geistige Ebenen, weitere Ebenen der Materie, die man verschieben kann, und vieles mehr. Aber seit einiger Zeit ist genau diese Liebesenergie für die meisten Schöpfer interessant, denn aus dem Liebesprinzip heraus haben sich auf der Erde verschiedene Bewusstseinsebenen entwickelt.

Viele Menschen bekommen bei den oben geschriebenen Worten vielleicht das Gefühl: „Ich verstehe nicht genau, was mit Liebesprinzip gemeint ist, denn ich kann die Liebe hier auf der Erde einfach nicht spüren!". Aus diesem Grund möchten wir hier eine kurze Pause einlegen und beschreiben, warum wir uns immer in der Liebesenergie der Erde befinden, egal, was wir tun, denken, fühlen, sagen oder wissen.

~ ~ ~ ~ ~ ~ ~ ~ ~

Die Erde ist ein Liebesplanet, auf dem alles, was sein, getan, gesagt, gedacht, gefühlt, gemeint, gebaut, gekämpft, gepflanzt, geliebt – egal was – wird, Liebe ist. Und damit wir diese Liebe in uns auch für uns fühlbar spüren können, müssen wir uns auf das Leben hier auf der Erde einlassen. Das heißt, alles, was wir physisch und optisch wahrnehmen, ist irdisch und somit ist alles, was wir wahrnehmen, Liebe. Über unsere Wahrnehmung und unsere Beobachtung können wir ein Gefühl für das Irdische bekommen und damit für die Liebe in uns und überall auf der Erde.

Es ist nicht so kompliziert wie wir uns das immer vorstellen. Wir brauchen weder unser Ego wegschieben noch ausschalten oder unseren Verstand bemühen. Wir müssen uns lediglich bewusst werden, dass alles Physische auf der Erde gleichzeitig Liebe ist: Sie, Er, der Hund, die Pflanzen, das Radio, der Berg, die Wohnung u. s. w.

Versuchen Sie es mal!

Betrachten wir unseren physischen Körper im Vergleich zum physischen Körper der Erde, erkennen wir, dass wir immer auf dem physischen Körper der Erde, also in der Liebe herumlaufen. Da die Besonderheit der Erde das Liebesprinzip ist, können wir uns mit unserem physischen Körper nicht gegen dieses Prinzip wehren, denn wir befinden uns immer in diesem Feld und können uns auch nicht willentlich dagegen stellen oder außen vor sein. Wir sind also permanent in dem Liebes-Energiefeld der Erde mit eingebunden, egal, was wir tun, denken oder wo wir gerade sind.

Unser Verstand wird uns vielleicht sagen, dass es nicht so einfach sein kann, die Liebe zu spüren, denn alles, was einfach ist, erscheint uns denkenden Menschen suspekt. Gehen wir jedoch auf die Ebene eines Kindes, das Leichtigkeit und Freude beim Spielen mit physischen Dingen hat und glücklich in dem Moment lebt, sehen wir, dass es wohl doch so einfach sein kann – wir müssen uns nur wieder auf dieses Spiel einlassen. Wir können dabei auch unser Ego als einen physischen Teil wahrnehmen und erkennen, dass auch unser Ego Liebe ist.

Möchten Sie eine Übung machen, um die Liebe der Erde zu spüren, ist es hilfreich, wenn Sie egal, was Ihnen begegnet und Sie wahrnehmen, das Signal vorausschicken, dass auch diese nächste Wahrnehmung aus Liebe besteht. Denn selbst die Mauern, die wir manchmal um uns herum aufbauen, damit wir uns nicht spüren, sind letztendlich auch aus Liebe. Gestehen wir uns das ein, können wir erkennen, dass überall Liebe ist und es auch keinen Sinn hat, uns dagegen zu wehren, diese Liebe zuzulassen und zu spüren, denn alles, was um uns herum ist, ist schließlich Liebe.

Bei den meisten von uns besteht ein Problem, die Liebe in sich und um sich herum zu erkennen, häufig darin, dass wir denken, wir müssen zur Liebe hin gehen – wir müssen die Liebe in uns spüren. Doch das Paradoxe ist – wir sind schon in der Liebe – wir können gar nicht zu ihr hin – wir sind in Liebe und Liebe ist um uns herum. Wenn wir uns das eingestehen, sind wir schon da, wo viele von uns sein wollen.

~ ~ ~ ~ ~ ~ ~ ~ ~

Die Grundform der Bewusstseinsebene hier auf der Erde war und ist Liebe. Die Entwicklung dieses Bewusstseins beginnt für uns Menschen da, wo wache und schlafende Schöpfer diese Liebe erstmals auf der kleinsten geistigen Ebene kommunizieren können. Die kleinste Ebene ist dabei einfach nur das Sein, nichts tun und einfach nur existieren – noch nicht in die Handlung gehen – wie ein Baby. Dann geht es auf verschiedenen geistigen Ebenen immer weiter, um sich mehr und mehr auszuprobieren und besser und auf anderen Wegen kommunizieren zu können.

Sobald wir dann in eine Handlung aus unserer Liebe herausgehen und etwas aktivieren oder tun, nutzen wir die Frequenz der Liebe. Je mehr wir auf diese Art aus Liebe heraus handeln, desto mehr öffnen wir die Frequenz der Liebe in uns und merken plötzlich, wie viel Spaß wir an uns selbst und anderen haben und beginnen bewusst, uns selbst zu lieben. Wir bemerken, dass wir eine reine Frequenz von uns selbst besitzen, respektive sind, und öffnen uns für diese Frequenz. Das empfinden viele Menschen als einen aufsteigenden Prozess. Denn dadurch, dass wir uns geistig mit unserer Liebesfrequenz beschäftigen und erkennen, dass auch andere da sind, die sich lieben, beginnen wir diejenigen zu sehen und zu erkennen, die sich ebenfalls in diesem Prozess befinden. Wir können mit ihnen durch die Liebe auf die gleiche Frequenz gelangen. Dies könnte man auch das Aufsteigen in den Bewusstseinsebenen nennen. Wir steigen mit uns selbst und in unseren Bewusstseinsebenen auf. Wir öffnen weitere Bewusstseintore für uns selbst, um auf der physischen Ebene der Erde zu sein und uns stärker wahrzunehmen. Wir nehmen mehr und mehr wahr, wie weit wir innerlich in dieser Frequenz schon strahlen oder nicht strahlen.

Die geistigen Ebenen sind Ebenen (z. B. Empathie, Mitgefühl), mittels welcher wir bereits mit anderen kommunizieren und in Kontakt stehen. Ein Beispiel hierfür sind Mütter, die einen direkten Kontakt zu ihren Kindern auf geistiger Ebene haben. Diese Entwicklung der Bewusstseinsebene nehmen wir durch eine Schwingung wahr, die sich auf der Liebes-Energieebene befindet. Diese Schwingung wird stärker und breitet sich weiter aus. Die genannten Entwicklungen spielen sich immer noch auf der ersten Liebesebene von uns selbst ab. Wir haben uns diese Ebene aufgebaut, um auf diesem Planeten Erde mit seinen sehr starken Bewusstseinsenergien der Liebe zu sein und unsere Erfahrungen mit uns zu machen.

In diesen Jahren kommen neue Ebenen hinzu. Nachdem wir in der ersten Ebene unsere eigenen Liebesebenen aufgebaut haben, sind wir als Schöpfer bewusster und beginnen durch diese Erfahrung anders zu handeln. Das heißt, jeder Schöpfer hat sein eigenes Liebes-Energiefeld und speist dort Liebe ein. Durch diese Einspeisung verändert sich die Liebesenergie auf der Erde, denn dadurch erhält sie mehr Aspekte der Liebe und des Handelns in Liebe. Die zweite Ebene des Bewusstseins ist somit die Ebene, auf welcher wir auf die Veränderung der Liebe auf der Erde einwirken.

Wenn wir uns auf dieser Ebene schon gut selbst wahrnehmen und nach außen handeln können, dann beginnen wir auf der Erde Signale zu setzen. Diese Signale sind reine Energiesignale aus Liebe und Signale aus einem ganz starken Bewusstsein von Information heraus. Wir könnten das die dritte Bewusstseinsebene nennen.

Wir sind erst fähig, Punkte als Signale auf der Erde zu setzen, wenn wir an uns selbst viel erfahren haben, wir selbst mit der Liebe, die wir ausstrahlen und auf der Erde wahrnehmen, in Kontakt getreten sind. Und die Vermischung dieser ganzen Aspekte in uns stattgefunden hat.

Ein gutes Beispiel für diese Entwicklungen sind die, bereits vor den geschichtlichen Aufzeichnungen existenten, Lemurer und Atlanter. Lemurer und Atlanter haben zu ihrer Zeit auf vielen Ebenen mit allen anderen Wesen auf der Erde kommuniziert. Dadurch, dass sie sich mit dieser Art der Kommunikation sehr weit entwickelten, begannen sie sich selbst nicht mehr als bedeutend auf dieser Erde wahrzunehmen und lösten sich auf. Sie kommunizierten mit allen anderen Schöpferebenen gleichzeitig und verloren dadurch ihre Schöpferwertigkeit hier auf der Erde.

Sie waren so weit in ihrem eigenen Schöpfersein, dass die Erde keine Bedeutung mehr für sie hatte. Das gilt sowohl für die Lemurer als auch für die Atlanter. Beide haben zwar verschiedene Wege in ihrer Entwicklung genommen, sind aber am gleichen Ziel angelangt. Sie haben als Schöpfer bereits permanent im Kosmos gehandelt und nicht mehr von der Erde aus agiert. Sie entwickelten aus dem Kosmos heraus neue Spiegelungen und Signale für sich und verschwanden so von der Erde, dass wir kaum noch etwas von ihnen auf diesem Planeten finden können.

Wir können hier auf der Erde kaum noch etwas von ihnen finden, weil sie fast alles, was sie machten, nur noch energetisch taten. Sie handelten von ihrem Bewusstsein her bereits auf anderen Ebenen. Sie haben zu der Zeit, als sie noch auf der Erde waren, schon in eigenen Energieebenen gelebt und die Energieebenen der Erde eigentlich nicht mehr gebraucht. Das heißt, auf anderen energetischen Ebenen können wir Informationen von Atlantern und Lemurern finden, auf den Energieebenen, auf welchen sich die Mehrheit der Menschen bewegt, ist davon nichts zu finden.

Uns Menschen hier wird es jetzt nicht mehr so ergehen, da wir die oben genannten Lernschritte der Lemurer und Atlanter nicht mehr machen müssen. Auch können wir uns auf mehreren Energieebenen jetzt gleichzeitig bewegen. Denn als Schöpfer leben wir im vollkommenen Bewusstsein und werden physisch und geistig eins sein und dies vielleicht sogar, wenn wir soweit sind, auf unserem Planeten, den wir uns erschaffen haben.

Viele Schöpfer haben bereits einen eigenen Planeten und erkennen dies jedoch oft erst, wenn sie aufgewacht sind. Sind sie aufgewacht und haben ihren Planeten erkannt, verändert sich auch ihre Schwingung. Das ist wiederum wichtig, damit sich die Frequenzen und das Bewusstsein zur Weiterentwicklung von Allem vollziehen können.

Die Lemurer und Atlanter hingegen haben sich hier auf der Erde aufgelöst und die Materie nicht mehr als etwas Besonderes angesehen. Wir Menschen sehen die Materie weiterhin als Besonderheit und geben Planeten und Materie eine weit höhere Bedeutung, wodurch wir mehr bewegen und verändern können.

Ein weiterer Grund, warum wir uns entschieden haben, hier auf der Erde zu sein, ist, dass der Schöpfer der Erde uns in Leichtigkeit und Beweglichkeit ermöglicht, uns am schnellsten in der Materie zu erkennen und zu erfassen. Auch bietet uns die Erde mit ihren Ebenen und Entwicklungen den größten Radius, uns auf der materiellen Ebene und in kleinster Form auszuleben und unser Schöpferdasein zu erfahren.

Viele weitere Wesen sind ebenfalls aus dem oben genannten Grund auf die Erde gekommen, damit sie auf diesem Planeten mitspielen können. So hat sich nicht nur der Mensch, sowie Flora und Fauna auf dieser Erde eingefunden, sondern ganz viele verschiedene Wesen, die auch andere Formen der Materie annehmen können. (Die Bäume beispielsweise, die sehr alt werden, sind mit einem Wesen behaftet.)

Wesen können auf vielen verschiedenen Ebenen hier auf der Erde leben. Sie leben unterirdisch, auf der Erde, in der Luft oder überall. Es gibt so viele verschiedene Ebenen, wobei wir Menschen bisher nur unsere Ebene gesehen oder wahrgenommen haben. Die Schöpfer, die sich in anderer Form der Materie hier auf der Erde befinden, haben sich nicht die menschlich körperliche Ebene, sondern andere Ebenen (z. B. die geistige Ebene, Ebene der Engel, Ebene der Elementarwesen – oder auch die seltenen Devians, die innerhalb und außerhalb der Erde leben – und viele andere) für ihre Entwicklung auf der Erde ausgesucht.

Jetzt, da wir in die neue Energie und das neue Bewusstsein gelangen, können wir mit diesen Wesen kommunizieren. Verschiedene feinstoffliche Ebenen, die wir zum Lesen ihrer Informationen und zur Kommunikation mit ihnen nutzen, werden immer offener, denn sie verbinden sich. Wir können leichter Informationen entnehmen. Es ist so wie bei einem Computer. Früher hatten wir vielleicht auf einem Bildschirm nur ein Fenster offen. Heute können wir auf einem Bildschirm mehrere Fenster gleichzeitig geöffnet haben. Durch die Erhöhung der Energie der Sonne und der Erde und ihre Schwingungen zueinander, unterstützen sie die Entwicklung der Verbindungen der Felder.

Mit den meisten Wesen können wir jedoch nicht so kommunizieren, wie wir es normalerweise mit einem Menschen tun würden. Es geschieht auf einer höheren Bewusstseinsebene. Wir lassen zu, dass es Anderes in unserem Leben zu fühlen, zu sehen und zu erfahren gibt und dass dies andere Existenzen außer Menschen, Tiere und Pflanzen sind.

Ganz zu Beginn der Erde haben die Erde und die Menschen schon einmal diesen Zustand erreicht und viele Arten der Kommunikation miteinander unterhalten und entwickelt. Momentan haben wir nur die geistige Ebene, auf der wir kommunizieren. In Zukunft wird es sich so entwickeln, dass, egal ob wir laut sprechen, durch Gedanken oder Gefühle kommunizieren, es jeder auf allen Ebenen vollkommen verstehen und registrieren kann.

Nach einer Zeit wurden die vielen bereits vorhandenen Formen der Kommunikation wieder vergessen, damit die unterschiedlichen Arten von Schöpfern sich in ihrer eigenen Art unabhängig von den anderen entwickeln konnten. Denn die verschiedenen Schöpfer sind aus unterschiedlichen Gründen auf die Erde gekommen. Sie haben sich andere „Dinge" vorgenommen, die sie hier durchleben wollen. Wenn sie sich untereinander immer verständigt hätten, wäre eine unabhängige Entwicklung nicht möglich gewesen.

Manche haben dafür die Form eines Menschen angenommen, manche die Form der Wesen in der Erde, andere in der Luft, auf der geistigen Ebene und auf anderen materiellen Ebenen; als Beispiele seien, wie oben bereits erwähnt, Seelen, Engel, Elementarwesen genannt. Durch das Vergessen der Fähigkeit, miteinander zu kommunizieren, konnten sie sich individuell und unabhängig von den anderen weiter entwickeln und erfahren. Veränderungen der Menschen, der Wesen, der Erde, der Ebenen, der Kommunikationsformen konnten, auf die uns bisher bekannte Art, geschehen.

Dadurch, dass der Erdschöpfer uns dieses Spielfeld bietet, lernt auch er immer mit Spaß und Freude dazu. Hauptsächlich macht er seine Erfahrungen und Spiegelungen durch die Erde selbst. Teilweise geschehen seine Spiegelungen und Empfindungen auch durch uns Menschen. Über das Fühlen der Menschen kann sich der Erdschöpfer selbst empfinden. Sind zum Beispiel Menschen sich ihrer selbst nicht bewusst, kann er sich über das Fühlen durch sie erfahren. Dabei unterstützt er die unbewussten Schöpfer, in ihr bewusstes Sein zu kommen. Sind diese Schlafenden dann aufgewacht, spürt er nicht mehr direkt durch sie, da sie ihre eigenen Schöpfungen haben.

Bewusste Schöpfer können, wenn sie das wollen, dem Erdschöpfer ihre eigenen Erfahrungen und Entwicklungen zuteilwerden lassen. Er selbst kann sie nicht mehr direkt spüren, erhält jedoch noch ein Signal von dem Schöpfer. Das heißt, er nimmt wahr, was die Schöpfer machen, aber er hat keinen vollen Zugriff mehr auf die Informationen. Wenn wir etwas auf der Erde verändern, dann sieht er das Endstadium, aber er erkennt nicht mehr die Schritte, wie es dazu gekommen ist. Es sei denn, er verbindet sich direkt mit dem jeweiligen Schöpfer und schaut genau hin. So kann der Erdschöpfer lernen, wahrnehmen und sich weiter entwickeln.

Wir Menschen als Schöpfer sollten uns bewusst sein, dass wir zum Spielen und Erfahrungen sammeln auf die Erde gekommen sind. Besonders, weil wir selbst in der Vergangenheit Schöpferplaneten erschaffen haben, sollten wir uns daran erinnern, dass wir auf dieser Erde zu Besuch sind. Durch das Schöpfersein dürfen wir hier auf der Erde alles machen, jedoch immer in der Achtsamkeit, dass wir hier Besucher sind und nicht selbst diesen Planeten erschaffen haben.

Viele Geschichten und Fantasieromane konnten von Schöpfern geschrieben werden, die schon andere Planeten erzeugten, wo es anders als auf der Erde zugeht. Sie leben jetzt als Menschen hier auf der Erde. Manchmal entstehen diese Geschichten auch, weil ein Schöpfer auf dem Planeten eines anderen Schöpfers zu Besuch war. So wie wir jetzt hier auf der Erde zu Besuch sind. Fantasieromane entstammen dann Geschichten, welche sich auf anderen

Planeten abspielten, auf welchen es ein anderes Bewusstsein als auf der Erde gibt.

Bei der Entstehung der Erde hat der Erdschöpfer bewusst darauf geachtet, dass die Erde von Planeten umgeben ist, wie Mars, Venus und weiteren. Diese Planeten haben eine sehr starke Bedeutung für die Entstehung und Entwicklung der Erde, weil sie Signale auf die Erde senden, die uns mit Wissen und Möglichkeiten bereichern. Dies bereichert wiederum die Schöpfer selbst und ermöglicht wiederum viele Spiegelungen. Diese Planeten können Schöpfer oder auch nur Informationsenergien sein, die ein Schöpfer hinterlassen hat. Dadurch haben wir hier auf der Erde noch mehr Energiefelder als nur die Felder der Erde und somit einen ganzen Spielkasten voller Möglichkeiten, mit welchem wir noch mehr machen können, als wenn wir nur die Energien der Erde dazu hätten.

Diese Möglichkeiten der Energien und was Schöpfer damit auf der Erde bewirkt haben und auch jetzt noch erschaffen, beschreiben wir in den folgenden Kapiteln.

V. Die Entwicklung der Erde

Die Entwicklung der Erde umfasst einen großen Bereich und eine noch längere Zeitspanne. Bei unseren Ausführungen in diesem Buch haben wir uns daher zunächst auf die wichtigsten Themen, die zu der Entwicklung der Erde beigetragen haben, beschränkt. In weiteren Büchern werden wir sicherlich noch mehr dazu schreiben. Jetzt widmen wir uns zunächst den energetischen und das Bewusstsein der Menschen verändernden Einflüssen mit Blick auf die Entwicklung der Erde.

Der Schöpfer der Erde ist nicht nur für ihre Erschaffung, sondern auch zu großen Teilen für ihre Entwicklung verantwortlich. Im letzten Kapitel haben wir bereits beschrieben, dass der Entstehung der Erde der Gedanke eines Schöpfers zugrunde liegt.

Der „Urknall", von dem wir hier auf der Erde über die Entstehung des Kosmos reden, steht dabei ähnlich wie der Gedanke zur Entstehung der Erde, als Beginn der Spiegelung eines Schöpfers. Auf der Schöpferebene spielt es keine Rolle, wie groß etwas ist. Wir lassen durch den Geist – Gedanken, Gefühle und Absichten – Leben, Materie und Situationen entstehen.

Nachdem der Erdschöpfer die Materie „Erde" erschaffen hat, legte er mithilfe seiner Kreativität den Grundstock und Aspekte für Pflanzen, Tiere, Menschen und vieles mehr fest. Wir können uns das wie eine Plattform vorstellen, damit verschiedene Entwicklungen hier auf der Erde Gestalt annehmen können.

Pflanzen und Tiere fanden sich sodann hier auf der Erde ein, weil es Schöpfer gibt, die sich als Pflanzen und Tiere erfahren wollen und sie begonnen haben auf der Erde zu leben und zu spielen. Das sind Schöpfer, die bereits auf anderen Planeten und in anderen Ebenen kreativ waren und Aspekte von sich auf diesem Planeten ausleben wollten. Andere Schöpfer sind in dem Bewusstsein auf der materiellen Ebene der Erde als Menschen entstanden, indem sie sich auf der Erde materialisierten und als Schöpfer auf diese Art hier ausleben wollen.

Alle Menschen der Erde sind aus verschiedenen Dimensionen auf die Erde gekommen, damit sie einen physikalischen Körper in dieser Welt erleben können – und den Körper mit ihrem Geist auf eine gemeinsame Bewusstseinsebene, die Schöpferebene, bringen und verbinden können. Auf diese Art erfahren wir auf mehreren Bewusstseinsebenen, unser Schöpferdasein auf der Erde auszuführen und auszuleben.

Die Schöpfer, die auf der Erde sein wollen, kommen hierher, weil der Schöpfer der Erde einen Planeten erschaffen hat, der anderen Schöpfern die Möglichkeit gibt, auf allen Ebenen körperlich und geistig zu spielen und sich auszuprobieren. Das ist die Besonderheit des Lebens auf diesem Planeten, mit unserem physischen Körper und geistigen Bewusstsein, neue Spiele der Spiegelungen und Erfahrungen auf körperlicher und geistiger Ebene zu sammeln. Wir haben einen Körper und wir haben andere Energien, Materie und Bewusstsein, und wir schauen hier auf der Erde, was wir in Kombination daraus mit uns und auf der Erde machen können. Das ist ein Teil unserer Entwicklung mit der Erde.

Beispiele hierfür, die uns in dieser Verbindung bisher am bekanntesten erscheinen, sind die Shaolin und ihr praktiziertes „Gong Fu". Bis zum scheinbar außer Kraft setzen der Gesetzmäßigkeit der Materie (Beispiele: Das Zerschlagen von Eisenstangen mit bloßer Hand, das Zerspringenlassen von gefüllten Wasserflaschen durch senden von Qi über einige Entfernungen, die Unverwundbarkeit des Körpers und Aktivierung der Selbstheilungskräfte). Oder auch die, als plötzliche Heilung schwer erkrankter Menschen bekannten, sogenannten Wunderheilungen.

Um jedoch solche Bewusstseins- und Entwicklungsschritte zu vollziehen, Plattformen für Wesen zu erzeugen und vieles mehr, braucht es viel Wissen und Information auf der Erde. Die Informationen hierfür wurden von dem Erdschöpfer in die Erde gespeichert. Weiterhin speicherte er auch Informationen, die er selbst erzeugte und solche, die zum Beispiel, zur Erschaffung der Erde wichtig sind, sodass jeder Schöpfer sehen kann, wie er so einen Planeten nachbauen könnte. Dabei sind auch verschiedene Bewusstseinsbaupläne, die alle anderen Schöpfer mit auf die Erde gebracht haben, eingespeist worden.

Zum einen wurden Informationen darüber gespeichert, was Schöpfer hier tatsächlich auf der Erde alles tun, als auch Informationen darüber, was wir als Schöpfer hier noch alles tun könnten.

Zum anderen wurden Informationen gespeichert, so auch über unsere Bewusstseinszustände, die wir mit dem physischen Körper, den wir erschaffen haben, hierher gebracht haben. Denn jedes Mal, wenn wir einen physischen Körper erzeugen, haben wir unsere schöpferische und geistige Ebene mit in diesen Körper hineingegeben.

Der Erdschöpfer speichert diese Informationen direkt in die Erde hinein, sodass wir als Schöpfer dort immer wieder ein Signal zur

Wiedererkennung unserer selbst haben, auch wenn wir gerade etwas anderes spielen oder neue Spiele oder Neuschöpfungen ausprobieren. Der Erdschöpfer schaut, was wir mitbringen, speist diese Informationen ein und achtet darauf, dass die Spielfreude für alle Schöpfer dabei bestehen bleibt.

Wenn nun jemand ganz viel Kreativität mitbringt, wie man Energien vermischt, verändert und wieder neu aufbaut und anschließend transformiert, dann hat der Erdschöpfer diese Energie in die Erde eingespeist, sodass sich auch andere, die sich auf diese Schwingung einstellen, daran bedienen und diese Information für sich nutzen können. Die Speicherung der Informationen ermöglicht die Abfrage und Nutzung dieser Informationen von vielen Schöpfern. Sie können damit experimentieren und sehen, was auf der Erde alles möglich ist. Das ist in jeder Hinsicht eine wichtige Grundlage für die Entwicklung der Erde.

Zusätzlich hat er sich mit anderen großen Schöpfern (jenem Schöpfer der Sonne und verschiedenen Schöpfern, die Planetensysteme aufgebaut haben, wie Planetenkonstellationen der Milchstraße) verbunden, damit diese ebenfalls ihre Informationen in die Erde einbringen können und mitwirken. Wir können uns das so vorstellen, dass sich ein Programmierer mit einem anderen Programmierer vor einem großen Projekt kurzschließt und danach die Informationen und Erfahrungen dort hineinfließen lässt.

Bis der Mensch dann schließlich seinen jetzigen physischen Körper erlangte, wie wir ihn heute kennen, gab es mehrere, wir nennen sie, „Testphasen", um mit diesem physischen Körper kreativ spielen zu können. Am Anfang kreierten die Schöpfer viele verschiedene Wesen zum Testen und fanden dann eine Form, welche für viele die schönste und die beste Form war und zugleich sinnvoll schien. Der menschliche Körper oder das menschliche Wesen der Erde ist so aufgebaut, dass es sehr viel Kreatives und Neues erfinden kann. Diesen „Bauplankasten Mensch" haben Schöpfer gemeinsam erschaffen, wobei jeder seine eigenen Aspekte einbrachte und das Programm mit aufbaute. So entstand eine Vermischung vieler Informationen und Möglichkeiten und die Schöpfer konnten, da jeder etwas anderes von sich dazu tat, daraus die beste physische Zusammensetzung kreieren. Als Schöpfer kannten wir also die Baupläne und da dieser Planet ein Spaß und ein kreativer Planet ist, auf welchem wir Dinge erzeugen können, wurde eine Form gewählt, mit welcher die meisten meinten, auch Freude haben zu können – der Mensch mit seinem Körper, seinem Geist und seiner Seele. Denn: Wir hätten ja auch eine Kugel sein können!

Mit dieser Form und mithilfe verschiedener Materialien der Erde, haben die Schöpfer den jetzigen Menschen erzeugt. Die Testphasen gab es, um herauszufinden, wie viel wir diesem physischen Körper überhaupt zutrauen und was wir an Schöpferenergie in diesen Körper hineingeben können. Wir experimentierten viel, um so viel Energie und Wissen wie möglich in diesem Körper anzulegen und damit kreativ arbeiten zu können. Es gab einige Entwicklungsschritte, da wir immer davon ausgegangen sind, dass dieser Körper wie ein eigener Planet funktioniert. Das heißt, dass der Körper wie ein eigener Planet selbst ist, der sich frei bewegen kann. Auch jetzt finden wir in der Medizin immer wieder neue Möglichkeiten, wie der Körper funktioniert und sich zum Beispiel auch selbst heilt. Wir haben noch nicht alle Möglichkeiten erforscht.

So mussten wir sehr viele Dinge als Eventualität in irgendeiner Form mitbedenken, die wir so im Spiel noch gar nicht kennen konnten. Was ja wiederum auch das Spannende daran ist. Wir kreierten sehr viel, damit der Körper in Bewegung bleibt.

Die meisten Testphasen fanden vor unseren menschlichen Aufzeichnungen statt. Der menschliche Körper kam somit schon fertig auf die Erde und hat nicht alle evolutionären Stufen durchlaufen, wie wir es aus dem Biologieunterricht (vom Affen zum Menschen) kennen.

Dass Affen uns zum Teil so ähnlich sehen oder sind, liegt daran, dass es Schöpfer in der Tierwelt gibt, die Tiere erschaffen haben, die sich in ihrer Welt weiter entwickelten und ähnliche Intelligenz oder sogar mehr als wir Menschen haben. Zum Beispiel die Wale oder den Quallen ähnliche Tiere, die nur mit einem großen Gehirn schwimmen. Sie sind hoch entwickelt und sehr sensibel, auch wenn sie nicht denken und handeln wie wir Menschen.

Der Mensch ist somit von verschiedenen Schöpfern erschaffen und von diesen vor langer Zeit hier auf der Erde platziert worden. Einige Menschen, die jetzt hier leben, wurden auch auf anderen Planeten erzeugt und haben sich dann hierher „beamen" lassen. Sie haben sich die Form, die sie haben wollten, vorgestellt und die Materie sammelte sich solange aus dem energetischen Umfeld zusammen, bis sie sich festigte. Auch diese Information wurde gespeichert. Und so war es für andere Schöpfer möglich, diese Form nachzubauen. Danach ging es ganz schnell und viele Menschen sind auf der Erde hinzugekommen. Wir haben uns selbst erzeugt, sodass wir vollkommen fertig waren.

Mit unserem Wissen und unseren Informationen begannen wir, Kulturen aufzubauen, die sich später zu Hochkulturen weiterentwickelten. Die Hochkulturen waren von ihren schöpferischen Qualitäten wiederum weiter entwickelt worden und somit entwickelte sich auch der physische Körper immer weiter. Am Ende mancher Hochkulturen waren diese Schöpfer zwar oft körperlich weiter entwickelt als wir es jetzt zum Teil sind, aber ihr geistiger

Körper war meistens wiederum weiter entwickelt als ihr physischer Körper, was Folgen für ihre sich auflösende Existenz hier auf der Erde hatte. Sie waren bereits so weit, dass sie auf geistiger Ebene sehr viel materialisieren konnten. Sie erschufen viel Materie und schafften es dann doch nicht, den nächsten Schritt der Entwicklung zu gehen, der bedeutet hätte, sich selbst dahingehend zu erfahren, die Schöpfung (alles sein ist möglich) selbst zu sein. Diesen Kulturen hat es so viel Freude bereitet, Dinge zu kreieren, dass sie auf dieser Ebene „hängengeblieben" sind.

Bei uns ist es derzeit so, dass einige wenige Menschen Dinge erfinden und andere Menschen die Materie dafür herstellen oder diese Dinge bauen. Bei einigen Hochkulturen war es in der Entwicklung so, dass jeder Dinge, die er gedacht hat, schon selbst in Materie umsetzen konnte. Da die Menschen so fasziniert von dieser Ebene und der Kreation von Materie waren, verharrten sie in ihr. Im Rausch der Erschaffung von Materie wurden die erzeugten Dinge irgendwann sinnlos, denn sie waren nicht nutzbar. Ein Beispiel: Wenn wir hunderttausend Autos erschaffen und diese dann nur aus dem Grund übereinander stapeln, damit ein Autoberg entsteht, macht es keinen Sinn und stellt auch keinen Fortschritt dar. Das kann auf die Dauer belastend sein.

Ebenso wurden auf dieser Stufe der Entwicklung Wesen erschaffen, die anschließend laufen gelassen wurden und nicht mehr kontrollierbar waren. Das sind Wesen, die zwar sehr physisch und sehr geistig waren, aber keinen eigenen Geist hatten und dennoch so gehandelt haben, als ob sie einen eigenen Geist hätten und dadurch Sachen, Materie und Bewusstsein, zerstört oder verändert haben. Dies waren meist Tiere, die auf einer sehr hohen Bewusstseinsebene agierten. Die Schöpfer, die diese Wesen erzeugten, wollten sehen, was passiert. Ob sich etwas verändert und ob es andere gibt, die stark genug sind, um das Ganze wieder aufzulösen. Meist konnten sie es selbst nicht mehr auflösen. Das Ganze geschah jedoch nur in Teilbereichen der Erde.

Auch in unserer Welt wird zur Zeit sehr viel Unsinniges erschaffen, um die Leute mit Materie, die sie haben können, abzulenken. So war es auch in China. Die Menschen sollten davon abgelenkt werden, aufzuwachen. Das geschah aus dem Geist eines Schöpfers heraus, der gerne sehr viele Menschen unter sich hielt und ein Sammler von schlafenden Schöpfern war, aber: Auch hier entwickelt sich das Bewusstsein der Menschen.

Aktuell bewegen wir uns in einer Phase, in der wir in einer Hochkultur leben, in welcher der geistige Körper und der physische Körper in der gleichen Entwicklungsstufe und gleich weit sind. Die vergangenen Hochkulturen sind vorwiegend im Geistigen aufgegangen und haben diese Ebene stark weiterentwickelt. Bei uns ist es so, dass die physische und geistige Ebene gleich stark ist und wir dann eine Energieeinheit transformieren, in der wir den gleichen physischen Körper immer wieder erzeugen und anders benutzen können und ihn nicht mehr auflösen werden.

Heute befinden wir uns auf einer Entwicklungsebene, bei welcher wir geistige und physische Belange zusammenbringen und uns nicht mehr allein an physischen Erzeugungen erfreuen, sondern unsere Aufmerksamkeit auf geistigen Ebenen und das Erschaffen in diesen Bereichen konzentrieren können.

Wir entwickeln uns dahin, dass alle Menschen-Schöpfer dieses Bewusstsein erlangen und wir alle kreativ und spielerisch auf geistiger und physischer Ebene mit unserer schöpferischen Energie wirken. Es wird dann nicht mehr nötig sein, dass wir alles haben wollen und haben müssen, da wir auf dieser Bewusstseinsebene das Wissen haben, alles jederzeit tun zu können, wenn wir wollten und uns das Wissen darum genügt. Wir haben alles im Überfluss und müssen es nicht mehr erschaffen damit wir alles anfassen können und schließlich daran glauben.

Die Schöpferenergie, die wir in unseren Körper eingebracht haben und jetzt noch einbringen, ist wie eine Radiofrequenz, die durch alle Zellen geht. Sie hat die gleiche Ebene wie die Lichtebene und erzeugt dadurch eine hohe Kommunikation in unserem Körper. Diese Frequenz transportiert alles, was wir als Schöpfer selbst außerhalb unseres Körpers auch haben und sind, aber nur das, was freigeschaltet ist, lässt die Frequenz in unserem physischen Körper auch frei. Das heißt, wenn unsere Zellen noch nicht soweit entwickelt waren oder noch nicht so aufgebaut waren, diese Frequenzen und Wellen zu reflektieren, absorbieren und wahrzunehmen, dann war die Kommunikation in unserem Körper zu gering, als dass sie hoch entwickelte Transformationen zulassen würde. Was auch dazu führte, dass Kulturen von der Erde verschwanden.

Je weiter sich unsere Zellen transformieren und diese Frequenzen aufnehmen, desto mehr strahlen wir, und schnellere Prozesse und Entwicklungen sind möglich. Dies ist an den Kindern dieser Zeit zu erkennen, die bereits ganz andere Energiefelder als die älteren Menschen unseres Planeten im Körper haben. Ihre Wahrnehmung ist meist recht hoch. Sie sind feinfühliger, hellsichtiger und sehr schnell in der Umsetzung und Transformation geistiger und physischer Prozesse, Stichwort: Indigo- und Kristallkinder.

Einige Hochkulturen haben mit ihrer Schöpferenergie erweiterte Testphasen in ihrer Zeit durchlaufen. Zum Beispiel die Mayas und die Ägypter hatten alle ihre Testphasen, in welchen sie geschaut haben, wie weit sie sich geistig entwickeln können, um dann sehr weit in ihrem Bewusstsein aufzusteigen. Die Ägypter waren mit die Ersten, denen es gelang, den physischen Körper zu transformieren und überall hin mitzunehmen. Was allerdings nur ganz wenigen, jenen, welche das Wissen darüber hatten, auch gelungen ist. In der Zukunft haben auch wir das Wissen darüber und werden diese Art der Transformationen vollführen.

Dadurch, dass in vielen Phasen so viele Schöpfer gleichzeitig kreativ waren und gleichzeitig neue Ebenen erschaffen haben, hat sich die Erde in ihrer Entwicklung immer wieder neu hervorgebracht. Es brauchte einige „Neustarts" des Systems (so nach den Unas, Lemurern und Atlantern), um auf die Computersprache zurückzugreifen.

Die ersten Neustarts entstanden durch das Spiel der Schöpfer, wodurch zu Beginn natürlich auch ganz schön viele komische Sachen entstanden sind. Die Erde hat sich daraufhin immer wieder neu geordnet, indem sie alles vernichtet und dann wieder neu aufgebaut hat. Das hat sie immer wieder gemacht und tut dies auch heute noch, wenn Schöpfer ihr Spiel verloren haben und nicht mehr wissen, was sie hier auf der Erde eigentlich machen. Es geschieht auch, wenn die Schöpfer, die mit ihrem Spiel schon fertig sind, alles gemacht haben, selbst wieder in die Schöpferebene zurückgehen und keinen physischen Körper mehr zum Spielen brauchen, weil sie auf der Erde keinen Spielfaktor mehr haben. Wie bereits erwähnt: Die Erde ist schon sehr alt und es gab schon vieles hier, von dem wir noch nicht wissen, dass es das gab.

Verantwortlich für solche Neustarts waren die Schöpfer selbst, die schon aufgewacht und auf der Erde sehr kreativ tätig waren. Diese haben dann gesagt: „Es muss etwas passieren. Wir wollen weiterkommen. Wir müssen das Spiel neu erfinden. Wir müssen noch kreativer werden und das Spiel einfach immer weiter ausbilden." Sie haben weiter versucht, die physische und geistige Materie zu erforschen und noch mehr darin zu spielen. Der Untergang der

Atlanter war eine Übersteuerung ihres Systems. Sie haben sich übersteuert, indem sie die Gesetze des Planeten, die auch physischer Natur sind, nicht mehr als bewusste Wahrnehmung in sich hatten. Durch ihr Bewusstsein haben sie so viel „Wellen" auf der Erde erzeugt, dass sie ihre Grundlage hier durch das Wasser und die Verschiebung der Materie selbst für die Mehrheit der hier lebenden Menschen zerstörten.

Bei den Neuschöpfungen der Erde entstand ein Neustart und alles begann noch mal von vorne. Auf die Erde bezogen bedeutet das, dass der Schöpfer der Erde diese Möglichkeit der Entwicklung mit einbezogen hat. Ein Nullfeld, in dem sich alles neu ordnet, kann entstehen und Veränderungen finden statt – und alles beginnt noch mal auf andere Art und Weise. Durch das Nullfeld erhalten alle Ebenen neue Energien und ein neues Signal, denn das Nullfeld bewegt sich durch alle Ebenen hindurch, wie eine Strömung. Es hat keinen festen Punkt. Die Materie selbst bleibt gleich auf der Erde, aber die zur Verfügung stehenden Informationen verändern sich. Es sind mehr Informationen in der Hinsicht da, sodass es noch mehr Möglichkeiten gibt, die jedoch nicht unbedingt genutzt werden.

Die Erde hat sich umgestaltet und eine neue Bewusstseinsebene aufgebaut und die Menschen kamen erst dann auf der physischen Ebene wieder hinzu. Die Erde startete mit dem Wissen, das sie schon hatte, nochmals neu. Verschiedene Stämme wurden zum Beispiel hineingesetzt, wie ein zum Start aufgestellter Spielbeginn. Wir können uns das auch wie ein Projekt vorstellen. Der Erdschöpfer sagt, dieses Projekt möchte ich machen, welcher Schöpfer macht mit und welches Dorf suchen wir uns aus und da geht es los. Die Entwicklung der Erde und die Entwicklung der Menschen hingen schon immer zusammen. Die Erde ist wie ein Grundgerüst, das der Erdschöpfer geschaffen hat, damit er sehen kann, was die anderen darauf spielen. Wodurch er selbst seine Kreativität erweitert. Er selbst ist nicht als Mensch auf der Erde, denn er hat sich den Planeten als Spielfeld und nicht das „Menschsein" ausgesucht. So ist er dennoch für die Entwicklung der Erde verantwortlich. Wir Schöpfer kommen mit unseren Fähigkeiten in der Entwicklung und der Verantwortung für die Erde hinzu. Sobald wir uns als Schöpfer erkennen und handeln, haben auch wir Einfluss auf die Entwicklung der Erde. Zudem sind wir mit anderen Schöpfern von anderen Planeten verbunden und partizipieren von ihren Entwicklungen. Informationen werden permanent ausgetauscht, auch wenn wir nicht immer etwas damit anfangen können. Wenn beispielsweise andere Schöpfer auf anderen Planeten Energieebenen aufbauen, die bei uns nicht gebraucht werden, da wir kein Bewusstsein dafür haben, sind diese Informationen zwar da, werden aber von uns nicht genutzt.

Andere Informationen, die auf unserer geistigen oder physischen Bewusstseinsebene wahrgenommen werden und die wir auf dieser Erde umsetzen können, fließen in unsere Entwicklung und die Entwicklung des Planeten mit ein. Beispielsweise indem wir etwas kreieren, Eingebungen haben, Erfindungen und Entdeckungen machen (Beispiele aus der neuesten Geschichte hierfür sind: Albert Einstein, Steve Jobs), die wir hier für uns leben können. Es ist auch wie eine Wahrnehmung für ganze Bevölkerungsteile. Manche Informationen sind so stark, dass die Teile einer Bevölkerung den gleichen Gedanken haben und in die gleiche Richtung handeln. Ein Beispiel hierfür ist der Mauerfall 1989 in Deutschland. Alle haben die gleiche Eingebung gehabt, dass die Trennung Deutschlands in Ost und West nicht mehr zeitgemäß war – und so geschah es, dass sich diese Trennung auflöste.

Dass wir diese Eingebungen haben, merken wir daran, dass wir mit den normalen Dingen, die wir sonst in unserem Leben gewohnt sind, nicht mehr weiterkommen. Die Eingebung eröffnet uns den nächsten Schritt. In manchen Fällen merken wir das aber erst, wenn die Eingebung schon geschehen ist und wir in diese Richtung gehen oder es Vergangenheit ist.

Mithilfe der Erschaffung und Entwicklung des Spielplaneten Erde und dadurch, dass wir als Schöpfer auf diesem Planeten mitspielen, erweitert sich das Bewusstsein des Erdschöpfers und er kommt – um wieder die Computersprache zu benutzen – ein „Level" weiter. Je bewusster die Schöpfer auf der Erde sind, um so bewusster ist die Erde selbst und der Erdschöpfer. Dabei hat der Schöpfer der Erde den Vorteil, dass er durch unser Lernen automatisch dazu lernt. Zum Beispiel können wir als Energie vom Erdschöpfer dahin geleitet werden, wo es von ihm als spannend empfunden wird. Man könnte hier den Ausdruck: Das ist „Gott gelenkt" benutzen. Die Menschen, die noch nicht wach sind oder noch nicht handeln mögen, sprechen auch von einer höheren Macht, die sie leitet.

Wenn Glaubensgemeinschaften von Gott sprechen, meinen sie, der Schöpfer der Erde sei ein Gott, was er aber, wie wir im Kapitel zur Entstehung der Erde erläutert haben, nicht ist. Auch er ist eine Spiegelung, wie wir. Der Verstand hat häufig Probleme, die unvorstellbare Weite „alles Möglichen" ohne Grenzen zu erfassen. Wir verbleiben mit unseren Vorstellungen in dem für uns bekannten Rahmen und neigen dazu, andere unbekannte Kräfte zu personifizieren. Wir befinden uns insofern im Wechselspiel mit dem Erdschöpfer und anderen Schöpfern, dass wenn wir als Schöpfer nicht wach sind, wir uns selbst kaum oder wenig entwickeln und von anderen Schöpfern in ihrem Sinne gelenkt werden können.

So können wir beobachten, dass es in der Geschichte schon immer so war, dass es parallel zu jeder sich entwickelten Hochkultur auch eine sich entwickelnde Religion gab. Das hat zwei Gründe. Zum einen, weil die Menschen gespürt haben, dass es mehr Energien, Wesen und Möglichkeiten auf der Erde gibt, als sie sehen, anfassen oder denken können, und sie diese Wahrnehmung in einigen Fällen in Form einer Religion in ihr Leben einbeziehen wollten. Zum anderen es Menschen und Schöpfer gab, die diese Energien nicht nur in ihr Leben holten, sondern sie bewusst bei anderen Menschen und schlafenden Schöpfern für ihre Zwecke eingesetzt haben.

Es gibt allerdings auch Schöpfer, die sehr bewusst in ihrem Denken und Handeln sind und sich dennoch mal wieder auf das Spiel einlassen, dass sie sich von anderen Schöpfern schieben oder lenken lassen. Je mehr sie sich darauf einlassen, um so spannendere Dinge passieren ihnen. Also nicht Dinge, die ihnen Schaden zufügen, sondern die ihnen ein neues Weltbild geben und ganz neue Möglichkeiten entstehen lassen. Danach gehen sie wieder in ihre Schöpferkraft über und bauen ein ganz neues Feld auf. So war auch die Wirkung einer Religion in ihrem Ursprung gedacht.

Damit schlafende Schöpfer aufwachen und sich entwickeln, haben sich andere Schöpfer einiges für die Menschen auf der Erde einfallen lassen. Darunter finden wir die Religionen, verschiedene Informationsnetze auf der Erde und Energien außerhalb unseres Planeten.

Einige Schöpfer haben zum Beispiel unterschiedliche Religionen (Rückbindungen) in die Entwicklung der Erde eingebracht, um Schlafenden eine Perspektive und Halt zu geben und ihnen zu zeigen, was für sie selbst alles möglich ist. In den folgenden Abschnitten führen wir auf, wie das geschah.

Als Erstes möchten wir die christliche Religion zur Erweckung der Menschheit ansprechen. Als die beiden Autoren Frank Peschel und Christiane Grüters zum ersten Mal von dieser Schilderung hörten, waren sie doch, auch wenn sie die Geschichte der Bibel für eine, zwar besondere Geschichte, aber eine Geschichte unter vielen, gehalten haben, etwas überrascht. Legen wir nun aber das Prinzip, nach welchem die Erde entstanden ist zugrunde, als Spiegelung, Spielfeld und zur Entwicklung des Bewusstseins, erscheinen die unten nun folgenden Berichte gar nicht mehr so abwegig.

Die Besonderheit der Religionen liegt darin, dass ihr ursprünglicher Sinn immer die Unterstützung der Menschen bei ihren geistigen Entwicklungen hier auf der Erde war. Die Geschichte des Neuen Testaments und des Christentums beispielsweise sollte den Menschen die Rückbesinnung auf ihren Ursprung darlegen. Aber wie ging diese Vermittlung der Rückbesinnung jetzt tatsächlich vonstatten?

Beginnen wir mit Jesus. Ihn gab es physisch gesehen nicht wirklich auf unserer Erde – er war sozusagen eine Information, die von einem Schöpfer in die Datenbank eingespeist wurde, mit der Absicht, schlafenden Schöpfern eine Richtung für die Entwicklung ihres Bewusstseins zu geben. Dieses Informationsfeld wurde durch Erzählungen und Überlieferungen so stark, dass es mit der Zeit die Wandlung von der virtuellen zur realen Welt schaffte. Viele Menschen glauben, dass sich die Geschichte um Jesus so real auch abgespielt hat.

Das Buch, das über ihn geschrieben wurde, entstammte daher einem guten „Leser" aus der Zeit. Das heißt, manche Ereignisse sind auf der geistigen und manche auch auf der physischen Ebene geschehen. Diese Information wurde dann mit anderen Geschichten kombiniert und so sind neue Berichte über Jesus hervorgebracht worden. Auf diese Art ist das Neue Testament entstanden, wobei so getan wurde, als sei es in Wahrheit physisch geschehen. Es gab wirklich ähnliche Menschen immer wieder, aber es waren nur Teile dieser Geschichten wahr und nur Teile ihrer Perspektiven. Das wäre genauso, als würden wir über jemand anderes etwas schreiben und ihn in einer anderen Form in eine Geschichte einbinden. Dabei werden aus mehreren Personen eine Person gemacht und verschiedene Aktionen, die diese Person gar nicht gemacht hat, einer Person zugeschrieben. Kurzum: eine Fiktion.

Die verschiedenen Bücher von Markus, Matthäus, u. a. wurden aus dem gleichen Informationsfeld gelesen, daher ähneln sie sich. Viele, die zu diesem Zeitpunkt in den Feldern „gelesen" haben, konnten zum Teil dieses Gelesene so physikalisch darstellen und sich in den Feldern, aus denen sie gelesen haben, sichtbar machen, dass sie zum Teil in diesen Feldern lebten und sie es daher auch als real empfanden.

Auf der anderen Seite hat hier auf der Erde niemand etwas gesagt oder gemeint, dass es nicht stimmt, weil sie es so stark in das Feld projiziert haben, sodass alle daran geglaubt haben. Einige haben also diese Geschichte so gesehen, weil sie in diese virtuelle Realität hineingegangen sind.

Virtuelle und reale Realität sind zu unterscheiden, weil es eine Realität gibt, die für alle sichtbar ist und dann gibt es Realitäten, die nur für manche sichtbar sind, welche aber genauso existent sind und sich energetisch wieder auflösen.

Wenn man in eine Realität, die sich sonst wieder auflöst, Energie hineingibt und sie so stark macht, dass sie gut ist, dann setzt sie sich automatisch auch in der gesamten Realität durch. Das ist auch das, was wir und viele andere Schöpfer gerade machen. Wir setzen Signale und erzeugen eine neue Realität, die dann so stark wird, dass sie zu unserer realen Welt dazugehörig wird. Der Unterschied zu damals und heute liegt darin, dass wir heute schon sehr viel Bewusstsein haben und die Schöpfer von damals eher mit ihrem Bewusstsein spielten. Die Information zur Bewusstwerdung der Menschen hat sich damals nicht als flächendeckende Religion ausgebreitet, sondern andere Schöpfer, wie der des Buddhismus oder der des Islam, haben eigene Geschichten erschaffen und eigene Felder erzeugt.

Vom Ursprung her gab es einen Schöpfer, der all diese Informationen ohne eine bestimmte Glaubensrichtung oder Weltanschauung in ein Feld hineingab. Wir nennen es eine Art Religionsenergie – und genau das haben die Leute dann gesehen und daraus geschöpft. Wirklich existent war ursprünglich nichts von alledem.

Die Geschichten wurden den jeweiligen Kulturen und ihren Gebräuchen angepasst. Daraus erklärt sich auch die Information, warum Jesus ein Jude war und er es schwer hatte. Denn verschiedene Spielebenen der Kulturen sind aufeinander getroffen und haben dadurch eine Reibung in den Realitäten der Menschen erzeugt. Es wären noch mehr Religionen entstanden, aber aufgrund der erzeugten Reibungen, die so nicht beabsichtigt waren, blieb es bei den bekannten Religionen.

Jetzt stellt sich natürlich die Frage: Und wer waren Maria, Maria Magdalena, Josef oder auch die zwölf Jünger? Maria ist energetisch ein weiblicher Schöpfer, der aber nur das Signal der Weiblichkeit miteinbrachte. In der Art, wie ihr Leben geschrieben wurde, war sie jedoch nicht existent. Maria gab es physisch nicht auf der Erde. Die Eigenschaften wurden einer Person zugewiesen, aber dieser Schöpfer hat sich so nicht materialisiert. Wenn Marienerscheinungen gesehen werden, dann sehen die Menschen den wahren Schöpfer, der dahintersteht (hinter der Erscheinung), welcher dann auch wirklich etwas bei den Menschen, denen er erscheint, bewirkt. Er gibt den Menschen häufig die Form zur Ansicht, mit der sie am meisten anfangen können – in dieser Verbindung ist das Maria. Maria Magdalena und Jesus gab es wirklich, aber die beiden lebten eine andere Geschichte. Eine Geschichte von einem Paar, das in diesem Zeitraum dort lebte.

Die zwölf Jünger hingegen haben ein eigenes Signal für diese Zeit und sind eine Gruppe, die sich zu dem Zeitpunkt in die Vergangenheit „gebeamt" hatte. Sie wollten sich anschauen, was da los war und haben dann ein neues Bewusstsein in diese Zeit hineingebracht und ein bisschen Verwirrung gestiftet.

Jetzt werden sich sicherlich viele fragen: Wie war das dann mit Buddha? Buddha heißt ja Erwachter. Er ist auch aus der bereits oben angesprochenen Religionsebene. Aber in diesem Fall hat sich ein Schöpfer selbst mit eingeklinkt und sich wirklich als Energiefeld hier auf der Erde platziert. Er ließ alle zu sich kommen, indem er seine ganzen Lichtwesen um sich herum scharte. Dann hat er sein Signal gesendet, was allen sehr viel Spaß machte. Diejenigen, die dieses Signal empfangen haben, wollten auch gerne diese Energie empfangen, weil sie so schön ist, und sind dann aus diesem Grund auch bei Buddha gelandet.

Dies waren einige kurze Beispiele aus der Religion, die zeigen, was Schöpfer ins Leben rufen, damit immer mehr Schlafende aufwachen, bewusster werden und die Entwicklung zur Veränderung auf der Erde mit vorantreiben.

Ein weiterer Schöpfer, der etwas zur Entwicklung der Menschen beitragen wollte, war ein Schöpfer, der bereits einen Planeten mit Bewusstsein von Lichtbahnen erschaffen hatte. Da er wusste, dass Informationen durch Lichtbahnen am schnellsten verteilt werden können, versuchte er, Schlafenden Schöpfern Halt zu geben und sie aufzuwecken, indem er die sogenannten Ley-Linien auf der Erde installierte. So schuf er Felder und Energiepunkte auf der Erde, an welchen der Mensch die Energie der Erde und des Erdschöpfers spüren kann und sich daran erinnert, dass er selbst ein Schöpfer ist.

Allerdings ist das nicht ganz gelungen, da sich viele Menschen lieber an den Energien der Linien festhielten, sich treiben ließen, anstatt aufzuwachen und in ihrer Entwicklung weiterzugehen. Das lag auch daran, dass der Schöpfer, der diese Linien kreiert hat, seine Aufmerksamkeit nicht mehr auf seine Erschaffung der Linien richtete. Er hat diese Linien und Felder zwar installiert, sich aber nicht mehr darum gekümmert, sie offenzuhalten und mit Informationen zu speisen, die den Menschen weiterhelfen, bewusster zu werden. Andere Aktionen haben ihm mehr Spaß gemacht und ihn von seinem Vorhaben abgelenkt. Geomanten nutzen die Linien heute so, dass die physischen Möglichkeiten der Geomantie Früchte tragen und gute Energiefelder entstehen, aber sie gehen nicht weiter auf die vorhandene geistige Ebene ein. Vor allem nehmen viele nicht die Informationen heraus, die dort gespeichert sind. In den Linien ist sehr viel Wissen enthalten, aber die meisten nutzen kaum ein Prozent von dem, was dort an Wissen vorhanden ist. Wenn sie dieses Wissen nutzen würden, würden sie nicht hauptsächlich die Dinge umbauen, sondern sie würden die Energie aus der Linie herausziehen und damit arbeiten. Das heißt, dass sie das Wissen, was sie dort erhalten oder abrufen können, umsetzen. Bisher wird mehrheitlich versucht, die Energien, die bei so einer Linie sind, zu mindern, umzuleiten oder zu verstärken. Das tiefere Wissen selbst wird zur Arbeit kaum genutzt.

Es gibt viele Energiefelder, darunter existieren auch Gitternetze, wie das Schumanngitter. Das sind Netzwerke, die um die Erde gelegt worden sind, damit Informationen und Entwicklungsstufen schnell transportiert werden, sodass sie sich sofort auf der ganzen Erde verteilen und auch dazu, dass neue Entwicklungen, die von außen hereinkommen, ebenfalls sofort verteilt sind. Wenn also Informationen von anderen Planeten darin eingespeist werden, können sie sich gleich von dort auf der ganzen Erde verteilen. Die Verschiedenheit der Netze erklärt sich dadurch, dass es unterschiedliche Bewusstseinsebenen sind. Das heißt, jeder sucht sich das Netz, das seiner Bewusstseinsebene entspricht.

Diese Netzwerke wurden schon sehr früh bei den Lemurern und dann auch später zu Zeiten von Atlantis aufgebaut. Sie dienten dazu, dass sie sich selbst auf diesem Planeten wiederfinden und dabei gleich Informationen austauschen können. Die Kelten haben diese Netze intensiv genutzt und dadurch sehr schnell herausgefunden, wie die Welt funktioniert. Die Mayas haben sich auf die Netzwerke der Erde nicht so eingelassen wie andere Völker, da die Arbeit mit den Netzen für sie zu anstrengend war. Die Mayas arbeiteten mehr mit der Erdenergie von Gaia oder auch Mutter Erde selbst. Sie haben sich auf die Erde eingelassen und da die Erde mit allen Gestirnen im Kontakt ist, ließen sie sich auch auf die Sterne und Planeten ein. Folglich haben sie die Informationen aus dem Kosmos immer mitbenutzt und auch benutzen müssen, weil die Erde ihnen diese Information darüber immer von innen nach außen gegeben hat.

Einen weiteren Aspekt in der Entwicklung der Erde stellt die magnetische Feldstärke um die Erde dar. Sie ist unter anderem für die Entwicklung des Bewusstseins der Menschen verantwortlich, als auch für die klimatische Entwicklung auf der Erde. Umgekehrt wird sie wiederum durch die Entwicklung des Bewusstseins der Menschen und ihren Energiefeldern beeinflusst. Die Feldstärke des

Bewusstseins der Menschen hat sich insoweit geändert, wie die Schöpfer, die aufgewacht sind, ihr Feld vergrößert haben und dadurch insgesamt die Energie anheben – je mehr Wissen wir wieder aktivieren, umso stärker wird das Feld der Erde, was wiederum zur Erhöhung des Bewusstseins und damit zur Erweiterung unserer Möglichkeiten in jeder Hinsicht beiträgt.

Hinzu kommt die Bewusstseinsenergie der Sonne, die ebenfalls mehr Informationen in unser Feld einspeist und auch dazu beiträgt, das Bewusstsein und somit auch die Feldstärke hier auf der Erde zu erhöhen. Das Besondere an der Sonne ist, dass sie viele Informationen aus dem Kosmos von anderen Planeten speichert, was wiederum auch der Grund ist, warum sie so strahlt und leuchtet. Sie ist ein riesiger Signalpunkt mit einem Netz an neuen Informationen, die in einer bestimmten Frequenz gespeichert sind und diese Frequenz leuchtet. Sie wird permanent von anderen Planeten mit Informationen gespeist, wodurch sich ihre Schwingung erhöht, was letztendlich erklärt, warum sie so viel Feuer hat.

Das ausstrahlende Licht der Sonne ist ein sehr hoher Speicher. Dieser Lichtspeicher wird in uns fortwährend aktiviert und wir können wahrnehmen, dass wir mit diesem Licht arbeiten und Daten herausziehen, aber auch einspeisen können. Die Sonne hat für uns viele Informationen gespeichert, sodass wir dieses Wissen auch finden und nutzen können. Der Einfluss der Sonne auf die Feldstärke der Erde hat wiederum Einfluss auf uns und unsere Entwicklung. Unser Gehirn und unser Organismus stellen sich auf Veränderungen immer wieder neu ein und wir lernen immer besser damit umzugehen.

Auch die Erde lernt dazu. Sie beginnt für sich selbst wahrzunehmen, was Reinheit und was nicht Reinheit für sie ist. Gleichzeitig klärt und überlegt der Erdschöpfer für sich, was er tun kann, damit seine Signalstärke klarer definiert ist. Mit einer deutlicheren Signalgebung im Kosmos findet eine bessere Kommunikation unter den Planeten statt. Je klarer seine Struktur ist, desto größer ist seine Reichweite, um mit anderen Planeten kommunizieren zu können. Das bedeutet, wenn Gaia sich umbaut und ihre Frequenz erhöht, also sich reinigt, um ihre Struktur an die Urenergie anzupassen, führt das dazu, dass sie und damit auch der Erdschöpfer einen größeren Radius für die Kommunikation haben.

Die Erde beginnt, für sich selbst zu entscheiden und nicht für andere die Erde zu gestalten. Die Erde wird sich bewusst, dass sie Dinge für sich macht und nicht mehr auf andere, wie auf uns Menschen, Rücksicht zu nehmen braucht, denn die erwachten können sich jetzt selbst verändern und transformieren. Die Erde entscheidet aus ihrem Bewusstsein neu und denkt, wenn sie sich von nun an reinigt oder umbaut und verändert, dabei nicht an uns Menschen.

Was die Erde jedoch mit ihren Naturkatastrophen bei den Menschen erzeugt, ist ein erweitertes Spiel der Liebe und des Mitgefühls. Sie macht darauf aufmerksam, dass alles ein Bewusstsein hat. So wachen viele Menschen auf und beginnen Verantwortung für sich und die Erde, auf der sie leben, zu übernehmen. Dies geschieht mit Rücksprache anderer Schöpfer auf diesem Planeten. Das heißt, wenn sich auf einem Erdteil die Erde bewegt, wissen die Schöpfer davon und werden zu dieser Zeit nicht auf diesem Teil der Erde weilen. Schlafende werden ihren Körper dann auflösen, Lichtwesen machen das als Spiel mit und denken sich nichts dabei, und den Schöpfern, die da sein wollen, geschieht nichts, sie beobachten nur.

Alle aufgewachten Schöpfer beteiligen sich an der Entwicklung der Erde. Es ist nicht der Schöpfer der Erde allein, der entscheidet, wie es hier auf der Erde weitergeht. Das war er nur, als er den Planeten Erde erzeugt hat. Dadurch, dass der Erdschöpfer sich erweitert, folgen wir ihm nach und erhöhen auch unser „Level" – das Ganze wird dann solange gespielt, bis wir den Erdschöpfer nicht mehr brauchen, weil wir unsere eigene Erde erschaffen können. Schlafende, werden in diesem Fluss der Entwicklungen, wenn sie wollen, einfach mitgenommen.

Die aufgewachten Schöpfer arbeiten an der Frequenz der neuen Erde durch ihr Bewusstsein und die Einspeisung neuer Energien und an dem Wissen, das dabei entsteht, mit. Dem Wissen, dass nicht nur mehr Freude und Liebe und das Liebesprinzip auf diesem Planeten ein Haupt-Energiefeld ist, sondern es entsteht eine energetische Symbolik, welche überall eingesetzt werden kann. Wenn zum Beispiel Schöpfer Planeten oder Dinge erzeugen, können sie diese Symbolik einsetzen und haben gleich alle Informationen, sodass neue Schwingungsebenen für neue Materie entstehen. Neue Materie heißt, dass neue Materie erschaffen wird. Das, was wir jetzt kennen, wie beispielsweise die Planeten aufgebaut sind, gasförmig oder fest, das erhält eine andere Art von Festigkeit. Es erhält eine Bewusstseinsebene. Das heißt, ein Planet kann nur Bewusstsein sein und auch eine neue Form der Materie. Wir Menschen werden uns dessen immer bewusster und dadurch sind Planeten plötzlich sichtbar, die eigentlich nur Bewusstseinsenergie und nicht physisch sind. Wir entdecken immer mehr, was sich vorher unserer Wahrnehmung entzogen hat.

Was hier auf der Erde gerade geschieht, ist die Entwicklung von einem Spielplaneten zu einem Schöpferplaneten. Dadurch, dass die Erde ein Spielplanet ist, und sie in der nächsten Entwicklungsphase diesen Aspekt abgibt und dann ein Schöpfungsplanet wird, wird das komplette Spielfeld verändert. Die Erde hat durch ihren Status des Spielplaneten viele Schöpfer angezogen und nun wird sie durch ihre Veränderungen die Schöpfer, die noch schlafen, aufwecken und sie wieder an ihren Schöpferstatus erinnern. Das bedeutet, dass die Schöpfer wieder in ihrer vollen Schöpferkraft auf dem zukünftigen Schöpferplaneten Erde sind, und sich dann z. B. ihre eigenen Spielplaneten aufbauen können. Dazu dient die Entwicklung auf körperlicher und geistiger Ebene.

Wie bereits erwähnt, geschieht die Weiterentwicklung der Erde auf der geistigen und physischen Ebene. Auf der geistigen Ebene bedeutet dies, dass wir zwischen verschiedenen Ebenen der Wahrnehmung wechseln und unterscheiden können. Auf der physischen Ebene bedeutet dies, dass wir lernen werden, unseren jetzigen Körper immer besser und auf verschiedene Weise zu transformieren. Dies bedeutet, dass wir uns in alles, auch Planeten oder Sonnensysteme, verwandeln können, selbst heilen und beamen können. Einfach alles, was wir uns vorstellen, wird, indem wir transformieren, dann möglich sein.

Wenn wir uns einen Wald vorstellen, ist dieser Wald bereits entstanden. Wir können unsere Gedanken in den Wald geben und jeder Schöpfer, der dort vorbeigeht, bekommt alle Informationen von uns über den Wald „eingespielt". Das heißt, er erhält alle wichtigen Informationen, ohne zu fragen und nimmt sie automatisch mit und muss sie jedoch nicht gleich nutzen. Schöpfer stehen in Resonanz zueinander, daher hat der Schöpfer, der vorbeikommt, gleich die Informationen und weiß, was sie bedeuten.

Es ist auch schon so, dass alle wichtigen Informationen von einem guten Leser eingesehen werden können – in unserem Fall zum Beispiel von Roman Christian Hafner. Auch wird es möglich sein, Informationen einzuspeisen und Dinge zu transformieren. In Zukunft wird sich das für uns jedoch in anderen Größenordnungen abspielen können.

Was bedeuten diese Entwicklungen für die Erde und uns Menschen nun konkret?

Im Jahr 2012 befinden wir uns zwischen dem Zustand des Spielplaneten und des Schöpferplaneten. Ist die Ebene des Schöpferplaneten erreicht, wird es auf der physischen Ebene keine Negativinformationen mehr geben. Das bedeutet, dass es nichts mehr zu verzeihen gibt, dass Probleme sowie alles Negative wegfallen werden. Wir werden mit Freude erschaffen, was wir möchten.

Auch werden sich daraufhin die derzeitigen Machtstrukturen auf der Welt im Zusammenhang mit der Entwicklung der Erde verändern. Bis jetzt haben Machtstrukturen in der Entwicklung dazu beigetragen, dass die Schöpfer einen Einblick bekommen, was sie für eine Macht erreichen könnten, wenn sie ihre Schöpferkraft ausleben würden. Bisher haben wir die Machtstrukturen kennengelernt, die Menschen irgendwohin leiten, beispielsweise in einen Krieg, in die Arbeit oder sie zu Dingen leitet, die sie tun müssen. Zum Beispiel muss jeder Mensch, der in Deutschland überleben will, in einem System arbeiten – somit ist man bereits in einem Machtsystem gefangen. Andere Arten zu leben werden unterdrückt oder fast unmöglich gemacht. Diese Machtstrukturen lösen sich später auf.

Wir sollten dabei Machtstrukturen nicht negativ sehen, da die Mächte, die dort wirken, die Ausrichtung haben, dass alles im Fluss bleibt und eine Weiterentwicklung eben erst durch dieses

Weiterfließen möglich ist – die subjektiv empfundenen negativen Dinge passieren, da die Schöpfer immer noch dazulernen und das auch oft wollen. Auf der Schöpferebene gibt es kein Gut und Böse, daher auch keine bösen Mächte, die uns beherrschen wollen. Es gibt auch keine Mächte, die uns, anderer Meinungen nach, hier auf der Erde kontrollieren. Wir sehen das so, dass viele Schöpfer, die auch hier auf der Erde wandeln, immer wieder einen Abgleich mit ihren Planeten machen, sodass sie sehen können, wie weit wir hier schon sind und wie weit sie selbst sind. Wenn wir von anderen Völkern anderer Planeten lernen könnten, würden sie sich auch bemerkbar machen, das tun sie aber nicht, denn dort, wo sie vom Bewusstsein selbst schon weiter entwickelt sind, würde es uns nicht helfen.

Oft verstehen wir die anderen Energiefrequenzen noch nicht. Das heißt, es würde zwar eine Energiefrequenz mehr da sein, aber wir würden sie nicht entdecken. Gibt es einen Menschen auf der Erde, der diese Frequenz versteht, dann wird dies auf der Erde wieder ins Feld gesetzt, in den Speicher von Mutter Erde. Alle anderen Menschen beginnen dann, das zu verstehen. Die „Außerirdischen" fungieren also nur als Beobachter und wirken nicht auf uns ein. Manche Menschen, die sich beobachtet fühlen oder meinen, sie sind unter der Kontrolle von fremden Wesen, sind selbst noch keine aufgewachten Schöpfer. Sie fühlen sich von den Schöpfern beobachtet, die sie noch lenken können.

Was es genau bedeutet, ein schlafender oder wacher Schöpfer zu sein, beschreiben wir im folgenden Kapitel.

·

VI. Der Mensch –
Ein Schöpfer auf Erden

In den ersten Kapiteln haben Sie schon vieles über uns Menschen als Schöpfer erfahren können. In diesem Kapitel möchten wir zum einen erzählen, woher wir Schöpfer kommen und was uns veranlasst hat, uns die Erde als Spielplaneten auszusuchen. Zum anderen, was es von unserem Handeln und Empfinden her tatsächlich bedeutet, hier auf der Erde ein Schöpfer zu sein und letztendlich heißt, wenn wir unsere volle Schöpferkraft auf der Erde entfalten. Wie wir bereits an anderer Stelle beschrieben haben, entspringt alles einer Urkraft auch der Urliebe – der Schöpfung. Diese Kraft nennen wir auch die Universalkraft – unbegrenzt, schrankenlos, unendlich, einfach alles. Die Urkraft besteht aus unzähligen vielen Energien, die wir nicht bemessen können. Diese einzigartige Kraft hat eine Art Spiegelung oder ein Abbild aus sich selbst heraus erschaffen, damit sie sich sieht, entdeckt und wahrnimmt, erfährt, kennenlernt und entwickelt. Das bedeutet, dass alles, was in unserem Universum existiert, auch eine Spiegelung und damit etwas von dieser Universalkraft selbst ist. Abbildung der Urkraft, der Urschöpfung. Das ist ein Schöpfer.

Wir Menschen sind somit ein Teil dieser Kraft selbst. Wir sind eine ihrer unermesslichen Spiegelungen und damit ihrer Schöpfungen. Jeder Schöpfer hat über eine Millionen Energiefelder, die nur authentisch mit ihm sind und die kein anderer Mensch hat – das macht einen Schöpfer aus. Je nachdem, wie ein Schöpfer seine Energiefelder auslebt, hat er eine andere Frequenz.

Sobald wir Schöpfer hier auf die Erde kommen, blenden wir sehr viele unserer Frequenzen aus, damit wir auf der Erde kein Chaos verursachen. Wir benutzen ähnliche Frequenzen oder die Frequenzen der Erde, um hier ein Signal für uns zu haben. Anschließend beginnen wir als Schöpfer unsere Frequenzen immer mehr in die Speicher der Erde einzuspeisen oder geben sie als Information ins Feld der Erde, woraufhin dann andere Menschen diese Information nutzen können. Ein Schöpfer wird nie auf die Erde kommen und sofort alle seine Frequenzen hier komplett darstellen, das wäre für ihn nicht möglich.

Der Unterschied zwischen der Urkraft und uns Schöpfern auf der Erde liegt darin, dass in dieser Spiegelung eine physikalische Ebene hinzugekommen ist, die Erde. Wir befinden uns hier auf der fünften Ebene – physisch, geistig, eigenständig, unabhängig, schöpfend und begeben uns von nun an mit der Erde auf weitere Ebenen. Wir haben uns, auch wenn es noch mehrere physikalische Planeten gibt, die Erde ausgesucht, weil wir uns als Schöpfer physisch in dieser Materie mit ihrer Anziehungskraft, den bisher vor kurzem noch drei Dimensionen und den festen Körpern, erfahren, ausprobieren und auch spiegeln wollen.

Auf der Erde sind wir von der Urschöpferkraft nicht abhängig. Auch wenn wir eine ihrer Schöpfungen sind, hat jeder einen freien Willen (bekommen). Das heißt, wir sind nur von uns selbst abhängig. Wir sind jeder ein Schöpfer für uns selbst und jeder kann, wenn er will, tun und lassen, was er will – auch wenn wir uns das nicht vorstellen können! Dazu sei gesagt, dass ein wacher Schöpfer aufgrund seines Bewusstseins darauf achtet, dass er einen anderen Schöpfer respektiert, indem er mit seinen Interessen nicht mit einem anderen Schöpfer kollidiert. Haben beide die gleichen Interessen, verwirklichen sie es gemeinsam. Die Besonderheit des Seins als Schöpfer auf der Erde bedeutet daher, dass wir Spiegel der Schöpfung und damit ein Teil von ihr sind und dennoch eigenständige Wesen mit einem freien Willen.

Wir sind immer mit der Urkraft verbunden. Die Mehrheit der Menschen fühlt sich jedoch oft von „irgendetwas" getrennt, abgeschnitten oder unvollkommen. Sie spüren nicht mehr, dass sie, respektive wir, selbst ein Teil der Urkraft sind. (Außerhalb unseres Universums existiert das Verbundensein mit der Schöpferkraft, wir fühlen uns dort in einem Zustand des Nicht-getrennt-Seins!)

In den letzten Jahrzehnten sind immer mehr Menschen auf die Suche nach dieser Verbundenheit gegangen und den Fragen, was wir hier machen, warum wir uns dieses Leben hier ausgesucht haben und wieso wir so viele unterschiedliche Fähigkeiten haben. Die Antwort ist, dass die Erde ein Spielplanet für Schöpfer, Wesen und Menschen ist und sich jeder auf diesem Planeten der Freude und der Liebe ausprobieren, entfalten und neue Erfahrungen sammeln kann. Viele Menschen können sich jedoch nicht freuen, weder am Erzeugen, noch an der Freude selbst. Die Ursache liegt darin begründet, dass die Urkraft, aus der wir kommen, beziehungsweise gespiegelt sind, absolut neutral ist. Sie kennt keine Freude und keine irdische Liebe, kein Leid und keine Angst, wie wir sie hier auf der Erde bis jetzt verstehen. Wir sind es nicht gewohnt, damit umzugehen.

Hinzu kommt, dass wir hier als Schöpfer auf der Erde Emotionen neu erfahren lernen – Emotionen, die wir zum Teil als Probleme, Blockaden, Glück oder Euphorie empfinden. Wir können Angst vor etwas Gutem, dass uns widerfährt und Angst vor etwas Schlechtem, das uns geschieht, haben oder einfach auch liebend, glücklich und zufrieden sein. Als Schöpfer entscheiden wir, was wir lieben wollen, es spielt keine Rolle ob gut oder böse. In der Mehrheit der Fälle rechnen wir jedoch nicht mit der Emotion, die wir hier auf der physischen Ebene als Mensch, aus der von uns verursachten Schöpfung dann erfahren, denn wir kannten diese Art der Emotion vorher nicht wirklich.

Das rührt daher, dass wir am Anfang unseres Erdenlebens Beobachter der Energien sind. Meistens fühlen wir uns zu den Energien hingezogen, die am häufigsten vorhanden sind. Auf unserem Planeten hatten sich in den letzten Jahrhunderten vorrangig, wenn man es so sagen kann, die negativen Energien durchgesetzt. Was dazu führte, dass negative Energien von vielen auch als normal anerkannt wurden. Die Anerkennung dieser Energien führte zu ihrer Normalität in der Gesellschaft. Diese unbewusste Normalität ist der Grund dafür, dass viele Menschen sich fragen, warum sie aus den negativen Gefühlen nicht herauskommen, obwohl sie sich doch für ein Leben voller Freude und Leichtigkeit entschieden haben. Wir haben eine Zeit lang in dieser Energie, oft eben unbewusst, gelebt und sie für normal gehalten.

In diesem Dilemma stecken viele Schöpfer fest. Sie haben Spaß daran, an für sie negativen Energien haften zu bleiben, denn die Mehrheit macht es ihnen so vor und wir möchten gerne dazugehören: „Du spürst, was an dir nicht gut ist. Das heißt, du spürst dich gut". Und dieses Gefühl beginnen die Menschen dann zu lieben. An dieser Stelle setzen Therapeuten, Ärzte und Heiler an, um den Menschen und damit dem Schöpfer zu zeigen, dass es noch durchaus mehr und Schöneres zu fühlen gibt, im Falle, dass der Mensch sich entscheidet, sich verändern zu wollen. Viele lieben ja diese Art von Spiel und bleiben lieber darin gefangen.

Wenn Menschen sich einfach treiben lassen und zu „faul" sind, ein eigener Schöpfer zu sein, kann es daran liegen, dass die Spiegelung, die sie von sich selbst gerade erfahren, interessant genug für sie ist. Es ist ein Beobachten, was geschieht und Erfahren, wie sich das anfühlt, denn auf der Schöpferebene gibt es keine Dualität – kein, das ist gut und kein, das ist schlecht.

Zusätzlich lassen wir uns von „Negativ-Spaß-Habern" anstecken und tummeln uns in diesem Netzwerk gemeinsam mit anderen, die gerne mehr Freude hätten, sich aber dennoch den Menschen in ihrem allgemeinen „Jammern" anschließen. Oft ist es ja auch so, dass das, was sie beobachtet haben, das Gegenteil von Freude und Leichtigkeit war und sie gerne selbst dieses Spiel mitgespielt haben. Was nicht heißt, dass sie keine Freude dabei empfanden, denn Freude können wir an allem empfinden, im Guten wie im weniger Guten.

Es gibt bereits einige Menschen, die Schöpfer sind und sich dieser Verknüpfungen bewusst sind. Doch viele von uns „schlafen" noch und merken nicht, dass sie sich von dem Strom anderer Schöpfer und anderer Schlafender mitreißen lassen. Sie bewegen sich nicht selbstständig, weil ihnen das Bewusstsein fehlt, dass sie ja selbst schöpfen können, was immer sie und ihr Herz wirklich wollen. Es ist einfacher, sich treiben zu lassen, als selbst zu entscheiden und die volle Verantwortung eines bewussten Lebens zu übernehmen. Was ja auch nicht immer ganz einfach scheint und im Begriff ist, sich zu wandeln.

Menschen neigen dazu, sich allein und verlassen und von ihrer Urliebe getrennt zu fühlen, wenn sie aus dem Strom, in dem sie mitschwimmen, ob schlafend oder fremdbestimmt, schließlich ausbrechen und sich dabei erstmals, getrennt von dem alten Gefühl der Zusammengehörigkeit, auf sich gestellt sind. Jetzt sind sie für ihren Erfolg und ihre Gefühle selbst verantwortlich. Es gibt niemanden, den wir beschuldigen können, denn wir haben erkannt, dass alles eine Spiegelung unserer Gedanken und Reaktionen ist. Von der Urliebe waren und sind wir dabei nie getrennt gewesen. Von der Liebe der Erde auch nicht.

Der Übergang von einer Fremdbestimmung zur Eigenverantwortung, ist interessanterweise genau der Zeitpunkt, an dem die Liebe durch Gefühle wieder mit ins Spiel der Wahrnehmung kommt und man aktiviert, was man liebt und woran man Freude hat. Wir erkennen wieder, dass wir „verbunden" sind und immer waren und fortlaufend Spiele spielen, an die wir uns mal erinnern und mal wieder nicht.

Unsere Aufgabe als Schöpfer auf der Erde ist daher, Freude an sich zu entdecken und die Freude daran, was ich selbst erzeugen kann. Die Freude an dem Erzeugten selbst zu erkennen und schließlich Freude daran zu haben, dass andere Schöpfer durch mein „Schöpfen" (Erschaffen, Zeugen) wiederum dabei Freude empfinden und sich entwickeln. Dies gilt nicht, wie vielleicht manche meinen, allein für Materie, sondern für alles, was ich denke, fühle, tue, verbreite – eben durch Freude erschaffe.

Ein Schöpfer auf Erden zu sein bedeutet, dass wir durch unsere innere Freude (= Liebe als Schöpfer) alles erschaffen können, was wir möchten – aus menschlicher Sicht – Gutes wie auch nicht so Gutes. Dabei können wir aus Liebe zu etwas Dinge erzeugen oder aus dem Bedürfnis heraus, etwas brauchen zu müssen.

Der Unterschied zwischen der Erzeugung aus Liebe oder aus einem Bedürfnis heraus liegt darin, dass, wenn wir etwas aus Liebe heraus erschaffen, es sich schneller verwirklicht und uns auch mehr

Freude bereitet. Die Energie – Gedanken der Liebe –, die hinter unserem Erschaffen steht, erzeugt unsere Realität – wiederum frei von menschlicher Bewertung.

Das Besondere an der Erde ist ja, dass hier die treibende Kraft die Liebe ist, die hierbei immer absolut neutral ist. Es spielt keine Rolle, was ich, von meinem Verständnis aus betrachtet liebe – als Schöpfer erzeuge ich ein eigenes Feld, eine Art Spielwiese. Wenn ich das Spiel lange genug gespielt habe und es irgendwann ausgeschöpft ist, aktiviere ich mit meiner Liebe ein neues Spiel. In der Summe sind meine Handlungen auf der Schöpferebene immer neutral, egal was ich spiele. Es geht dabei in erster Linie um die Erfahrung der Spiegelung – nicht um Gut oder Böse.

Bleiben wir bei unserem Spiel in der positiven Energieebene der Liebe, vervielfacht sich die Energie schneller, denn das Besondere ist ja, dass die Liebe die treibende Kraft dafür ist. Liebe in der Zweisamkeit ist ein Beispiel für potenzierte Energie. Durch die Verbindung mit einem Schöpfer kann man den Radius seiner Kraft erweitern, das eigene Energiefeld wird dadurch potenziert. Wenn sich Schöpfer lieben, lieben sie sich mit der Urkraft, der Urliebe. Erschaffen beide etwas aus gemeinsamer Liebe heraus, so wird es sich ohne Widerstände verwirklichen. Sind sich beide oder einer nicht ganz sicher, so kann sich genau dies, in dem was geschieht oder eben nicht geschieht, widerspiegeln. Sind wir Menschen in der Liebe, haben wir mehr Spaß und Freude bei der Erschaffung.

Auf der negativen Ebene und bei negativen Spielen gibt es irgendwann ein Stopp, da zum einen die Menschen schneller die Freude an Negativem verlieren und zum anderen die Erde ein Planet der Freude und Liebe ist und sich selbst schützt. Die Menschen haben das in den vergangenen Jahren erkannt. Eher verschwinden die Menschen von diesem Planeten, als dass die Erde vergeht. Die

Menschen, die Vergnügen an Zerstörung haben, waren gegenüber den Menschen, die jetzt Freude an einem Aufbau haben, im Jahr 2012 noch in der Mehrzahl. Dabei möchten wir noch einmal in Erinnerung rufen, dass alle Schöpfungen (egal welche) aus der inneren Urkraft (Liebe) heraus resultieren und sich in unserem Zeitgeschehen manifestieren. Das bedeutet, die Liebe ist die Kraft, die alles erschafft. Alles, was wir in der geistigen Energie als etwas Besonderes empfinden, existiert oder wird erzeugt, alles andere nicht. Alles, was für uns im Inneren als Besonderheit angesehen wird, ist in dem Begriff LIEBE enthalten.

Liebe gibt den Impuls etwas zu erschaffen, an die Schöpferkraft weiter. Die Schöpferkraft selbst erzeugt dann hier auf der Erde die Materie. Die Handlung kommt aus der Universalkraft. Liebe bedeutet dabei auch in diesem Zusammenhang wieder, dass manche das Gute und manche das Nicht-Gute lieben, aber alles, was geliebt wird, entsteht und existiert. Die Schöpferkraft fließt durch uns, und durch die Liebe in uns wird sie auf der physischen Ebene der Erde manifestiert.

Wenn ich beispielsweise Geld liebe, dann erzeuge ich Geld, wenn ich Geld nicht liebe, erzeuge ich kein Geld. Aus der Ebene der unterschiedlichen Energien betrachtet, heißt das, dass viele Menschen sich ihr Leben bewusst aussuchen, damit sie beispielsweise Mangel oder Überfluss erfahren können. Erstere haben sich entschieden, mit Nichts im Leben anzufangen, damit sie die Erfahrung machen können, was und wie sie aus dem Nichts etwas machen können. Für die Mehrzahl dieser Schöpfer ist es jedoch schwer, in den Wachzustand zu kommen. Da oft die treibenden Signale von Außen fehlen und sie nicht aus sich selbst heraus auf die Möglichkeit einer Veränderung aufmerksam werden. Ausgenommen sind die Menschen, die in ihre Freude kommen, dabei ihre Urkraft zu entdecken und in ihrer Schöpferkraft aufzustehen. Entwicklungshelfer sind zum Teil ein Beispiel für Schöpfer, die anderen helfen möchten aufzuwachen. Uns fällt es vielleicht manchmal schwer, das oben beschriebene so anzunehmen. Aber wie oft haben wir uns gefragt, warum lässt zum Beispiel ein Gott dies oder jenes zu? Jetzt wissen wir warum. Es ist auf einer anderen Ebene nicht das Zulassen eines Anderen, sondern die Wahl des Selbst.

Was ist passiert, wenn ein Kind krank auf die Welt kommt? Erscheint ein solches Phänomen nicht im Widerspruch zum Seelenauftrag, Freude zu empfinden? Die folgende Erklärung ist von uns Menschen schwer nachzuvollziehen, denn natürlich möchte hier für unser Verständnis kein Mensch wirklich hungern oder krank sein und schon gar kein Kind möchte das. Unsere Entscheidung aber, wo wir auf der Erde leben wollen und was wir dort zum Teil erfahren möchten, haben wir vor der Geburt getroffen, absolut neutral, immer aus der Freude heraus, etwas Neues zu erfahren.

Als Schöpfer haben wir viele Körper, aber nur einen physischen Körper. Wenn wir unseren physikalischen Körper nicht beachten, so wie viele Menschen es tun, entstehen Krankheiten. Dieses Bewusstsein breitet sich in den Menschen weitläufig aus, was an der Wellnessbewegung in allen Ländern, die seit einigen Jahren um sich greift, gut zu sehen ist. Wenn wir nun von Geburt an, einen Körper haben, der nicht gesund ist, möchten wir uns als Schöpfer testen, wie stark wir sind. Unsere Entscheidung, was wir hier auf der Erde als wacher Schöpfer machen möchten, steht daher in keinem Widerspruch dazu, Freude über unsere Wahl und unsere Möglichkeiten zu empfinden.

Warum tun wir das, wenn wir doch schon so viele Inkarnationen erlebt und vieles gelernt haben? Trotz vieler Inkarnationen haben wir tatsächlich wenig dazugelernt, denn wir wollen uns jedes mal, wenn wir auf die Erde kommen, einen neuen Start ermöglichen und wieder alles ganz neu kreieren und erfahren. Ein Beispiel: Du baust gerade ein Haus, stirbst während des Baus und kommst kurze Zeit später als kleiner Junge im Nachbarhaus wieder auf die Welt. Irgendwann bemerkst du das Nachbarhaus und erkennst es als dein sich im Bau befindendes Gebäude wieder. Würdest du dort weitermachen, wo du aufgehört hast und denken: „Jetzt muss ich rübergehen und mein Haus weiterbauen!". Dann würdest du dich in dem Moment aber selbst um die Gelegenheit bringen, etwas Neues zu entdecken, wenn du immer wieder beim Alten weitermachst. Wir schöpfen gerne immer wieder Neues.

In der jetzigen Zeit befinden wir uns mitten im Prozess des „Aufwachens", was nichts anderes heißt, als dass viele Menschen bemerken, dass sie wie von fremder Hand ferngesteuert herumgelaufen sind und die Nase voll haben von Diktaturen, Unterdrückung und permanenter Fremdbestimmung. Sie entscheiden sich aufzuwachen und spielen ihr eigenes Spiel. Das wird in den nächsten Jahren immer mehr passieren. Dadurch, dass mehr Menschen entdecken, dass sie ihre eigenen Schöpfer sind, entsteht ein Feld, in dem es immer schneller vom Wünschen bis zum Entstehen des Gewünschten geht. Wenn jeder von uns entdeckt, dass er selbst schöpfen kann, wird es eine Masse, die sich manipulieren lässt, nicht mehr geben.

Warum gibt es die Massenmanipulationen? Es gibt sehr starke Schöpfer, die sich nicht mehr selbst erfinden und die bereits schon sehr lange auf der Erde weilen. Das sind sogenannte ewig Lebende. Diese Schöpfer steuern viele Nichtschöpfer. Sie sind oft dort anzutreffen, wo Familien viel Geldmacht besitzen, um von hier aus ihre

Belange besser steuern zu können. Dabei möchten wir anmerken, dass sich das bisher existierende Feld, in dem auf der Erde gespielt wird, in seinen Energien ausgleicht – es gibt auf der positiven wie auf der negativen Seite starke Schöpfer.

Ein Beispiel für positive Energie ist der Dalai Lama, der sich immer wieder einen neuen Körper nimmt und stetig versucht, Gutes zu produzieren. Jesus, ein Energiewesen, das, wie bereits erwähnt, mithilfe vieler starker Schöpfer in die Realität geholt wurde, spielt auch mit und wurde erschaffen, damit Menschen eine Orientierung haben und sich weiterentwickeln.

In der Entwicklung der Geschichte wurden Religionen und ihre Personifizierung dazu genutzt, eine effektive und machtvolle Ablenkung zu haben. Zu Beginn entstand das Bild der Religionen, um das Bewusstsein der Menschen anzuheben. Später wurde es jedoch von einigen immer mehr dazu benutzt, Menschen von ihrer Verantwortung, ihren eigenen Entscheidungen und Handlungen weiter zu entfernen. Sie erfanden neue Geschichten, um Macht über die Menschen, die sich ihrer Religion hingaben, zu erlangen. Wie bereits in dem Kapitel Entwicklung der Erde beschrieben.

Manche sprechen auch von einem Religions-Energiefeld oder Gitter, das um die Erde gezogen wurde und an welchem man sich einklinken kann.

Auch in anderen Glaubenskulturen spielen solche Felder eine Rolle. Bei Schamanen zum Beispiel haben sich ebenfalls Schöpfer zusammengefunden und Felder kreiert, die Schamanen für sich nutzen. Es gibt sehr viele solcher Felder, die praktisch wie bei einem Computerspiel mehrere Spiele mit Ebenen oder Levels darstellen, um uns Schöpfern mehr Freude zu bereiten, egal in welche Richtung. Andere, noch Schlafende, können mit und in den Netzen manipuliert werden – was in der Vergangenheit auch genutzt wurde. Da jedoch immer mehr Menschen bewusst sind, wodurch sie mehr wahrnehmen, erkennen und daraus resultierend wiederum bewusster und eigenmächtiger handeln, verlieren Manipulationen anderer weiterhin ihre Kraft.

Heute sind wir in einem fortgeschrittenen Bewusstseinszustand und die Energie der Liebe ist so hoch wie nie. Das bedeutet, es war noch nie so einfach wie jetzt „Inneres" zu materialisieren – das gilt ungefähr seit dem Jahr 2003. Viele Menschen befinden sich bereits in einem erhöhten Bewusstseinszustand und spüren die Energie der Erde, hier – das Liebesprinzip. Viele Menschen suchen noch, denn sie merken, dass da etwas ist, was sie interessiert und wichtig für sie ist, und andere bemerken, dass ihr Leben so nicht weitergehen kann, und so suchen sie nach einer Veränderung und Gründen für ihren oft kranken, gestressten und geschwächten Zustand.

Wenn wir Menschen nicht in der Liebe sind und nicht aus der Liebe heraus handeln, wir also nicht die Sachen lieben, die da sind – auch die physikalische Ebene – dann haben wir oft das Gefühl, dass wir keine Wahl haben, dass wir alles tun, aber nicht weiterkommen. Das bedeutet, dass wir uns dann meistens noch nicht darüber einig sind, was wir hier auf der Erde tun. So, als wenn wir ein Spiel anfangen, weil uns einer erzählt hat, dass es ein super spannendes Spiel ist, wir dann mitspielen, aber weder die Regeln kennen, noch richtig bei der Sache sind.

Die Menschen, die im Kopf sind (wie man so schön sagt), schlafen meistens noch und versuchen, mit dem Kopf Dinge zu schaffen, die mit dem Herzen leichter wären. Oft sind sie auch hart zu sich und anderen, um sich überhaupt in irgendeiner Form zu spüren – sie merken, dass es noch einen anderen Weg gibt, haben aber diesen Weg noch nicht entdeckt – viele, die dann aufwachen, werden ganz sanft zu sich und anderen.

Wenn der Mensch immer wieder zwischen Herz und Kopf hin- und herspringt, bedeutet dies, dass er sich nicht sicher ist und die gesamte Verantwortung für sich noch nicht übernehmen kann. Abgesehen davon, ist es auch nur hier auf der Erde möglich, immer hin- und herzuspringen. Das ist auch eine Art von Spiel. Wenn ich im Kopf bin, bedeutet dies auch, dass ich mich zurücksehne in die Zeit, als ich noch mit anderen schlafenden Schöpfern mitgeschwommen bin.

Zwischen schlafenden und aufgewachten Schöpfern gibt es große Unterschiede. (s. Diagramm S. 90). Als Systeme bezeichnen wir wache Schöpfer, die von sich aus aktiv sind und auf der Schöpferebene bereits andere Lichtwesen kreiert haben, die ihnen als Spiegel für verschiedene Lebensthemen dienen. Diese Lichtwesen sind am Anfang auch schlafende Schöpfer, sie können aber auch zu eigenen Systemen werden.

Als versteckte Systeme beschreiben wir die Systeme, die schon mal aktiv waren, sich aber dann wieder zurückgezogen haben und in die Passivität gegangen sind. Sie haben als Schöpfer noch nicht die ganze Verantwortung für sich übernommen. Sie werden kurzzeitig aktiv und gehen dann wieder in eine Art Stand-by-Modus.

Das alles geschieht auf der geistigen Ebene, der Mensch bekommt davon wenig mit. Es ist als absolut wertfrei zu betrachten, in welchem Stadium der einzelne Mensch sich gerade befindet. Jeder trägt, ob schlafend oder wach, dazu bei, dass unser System auf der Erde stabil ist.

erweitern Netz
durch Bewusstsein
setzen Signale

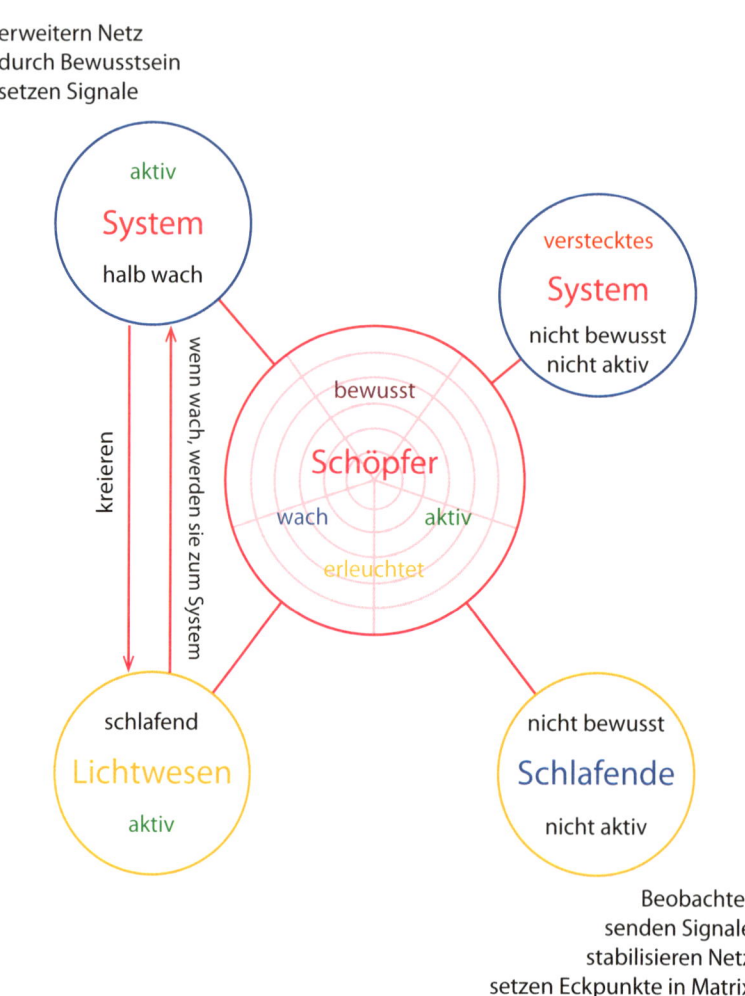

aktiv

System

halb wach

verstecktes

System

nicht bewusst
nicht aktiv

bewusst

Schöpfer

wach   aktiv

erleuchtet

kreieren

wenn wach, werden sie zum System

schlafend

Lichtwesen

aktiv

nicht bewusst

Schlafende

nicht aktiv

Beobachter
senden Signale
stabilisieren Netz
setzen Eckpunkte in Matrix

Schöpfer-Diagramm nach R. C. Hafner

Wir können den Zustand des „System-Seins" aktivieren, indem wir unser Bewusstsein zum Schöpferbewusstsein anheben. Dies geschieht unter anderem dann, wenn wir willentlich und mit unserem Verstand akzeptieren, dass wir auf allen Ebenen für uns und unser Handeln voll und uneingeschränkt verantwortlich sind! Wenn wir spüren, dass wir die Verantwortung noch nicht übernehmen wollen, gehen wir meistens zurück und verstecken uns wieder. Wir werden dann zum versteckten System. Alle Systeme, ob versteckt oder nicht, waren oder sind wache Schöpfer.

Die oft genannten Lichtarbeiter, die uns beim Aufstieg, dem Bewusstseinswandel, begleiten und helfen, sind Lichtwesen, die von Schöpfern erzeugt worden sind. Sie aktualisieren oder verstärken das Schöpferlicht permanent neu, weil sie selbst ihre Kreativität als Schöpfer dadurch entfalten können. Schöpfer haben Lichtwesen erschaffen, damit schnellere Ebenen oder Bewusstseinsnetze aufgebaut werden können und um es anderen Schöpfern zu erleichtern, miteinander zu kommunizieren.

Viele Engel sind Lichtarbeiter und übernehmen die Aufgabe, Informationen zu sammeln und sie den Schöpfern auf den Lichtbahnen zur Verfügung zu stellen. Diese Engel können in geistiger Form und auch in verschiedenen physischen Gestalten auftreten. Es können Menschen, Pflanzen, Tiere, andere Wesen, Feen, Kobolde oder was auch immer sein. Damit sind aber nicht die bekannten Erzengel gemeint, denn bei den Erzengeln handelt es sich zum Teil auch um Schöpfer, die aus der geistigen Ebene in die physische Ebene eingreifen, wenn Schöpfer sich nicht mehr selbst finden.

Jedes System ist ein absoluter Schöpfer und kann Lichtwesen schöpfen. Ein Beispiel von einem System mit hohem Bewusstseinsgrad ist, wie wir oben schon erwähnten, der Dalai Lama. Er hat ungefähr fünf Millionen Lichtwesen erschaffen, die sich nun selbst zum System entwickeln können oder aber in der Energie des Schöpfers mitschwimmen.

Letztendlich geht diese Entscheidung, ein Schöpfer zu sein, in Sekundenschnelle vonstatten. Durch den freien Willen braucht es nur einen Moment des Bewusstseins, um die Schöpferkraft zu aktivieren. Berühmte Schöpfer, die viele Lichtwesen erschaffen haben, sind zum Beispiel auch Madonna und Michael Jackson. Der Schöpfer von Michael Jackson ist ein Schöpfer, der selbst einen eigenen Planeten hat und nur hierher gekommen ist, damit er sehen kann, was er für eine Bewusstseinsebene von der Erde mit zu seinem Planeten mitnehmen kann. Er kommt immer wieder auf die Erde, weil es ihm auf der Erde so viel Spaß macht mitzuerleben, dass hier noch viele Menschen Schlafende sind. Auf seinem Planeten sind bereits alle Schöpfer bei vollem Bewusstsein.

Ein weiterer interessanter Schöpfer, der in seiner Schöpferkraft stand und sehr kreativ wirkte, war König Ludwig II. Für König Ludwig, der zu Lebzeiten in Bayern Erstaunliches erschaffen hat, man denke an die ganzen Schlösser, war die Zeitqualität zu langsam. Er hätte noch mehr erschaffen können, aber das Umfeld und die langsame Zeit wurden ihm zu anstrengend und so entschied er sich, die Erde zu verlassen.

Auffällig sind die androgynen Wesenszüge der genannten Schöpfer. Sie vereinen gleichermaßen viele weibliche und männliche Merkmale in einer Person. Durch diese Vereinigung stehen ihnen eine größere Bandbreite an Handlungs- bzw. Verhaltensalternativen zum Spielen zur Verfügung, die sie für sich nutzen können.

Schöpfer betrachten ihr Tun aus einer anderen Warte heraus. Sie beziehen ihre Informationen nicht hauptsächlich aus dem Verstand oder ausschließlich aus den bestehenden Gesetzen und Normen, sondern folgen ihrer bewussten Wahrnehmung und ihrem Gefühl. Der Verstand ist nur das Signal, dass wir bereits im Tun, also aktiv sind und der Verstand fragt uns zurück, ob wir das auch wirklich wollen. Somit ist Verstand und Intuition nicht so verschieden, wie wir oft denken.

Ein einfaches Beispiel hierzu. Ich bekomme die Idee, ein Nutella-Brot zu essen. Der Verstand meldet sich zu Wort, und fragt: „Bist du dir sicher, das macht doch dick, ist ungesund, das muss doch jetzt nicht sein – eine Banane tut es doch auch." Von der Energie-ebene deiner Seele ist es aber völlig okay, das Brot zu essen, du kannst es energetisch umwandeln, indem du sagst, es tut dir jetzt gut, macht dir Freude, also iss es. Der Verstand meldet sich also zu Wort, um ein Ereignis zu kommentieren, dass du auf der Seelen-ebene angefangen hast, denn nichts, was du tust, ist ohne deine Seele.

Vielfach hören wir die Worte, wie „die Verbundenheit mit der See-le", „das Spüren seiner Seele" oder „der Einklang mit der Seele". Wir denken dann, dass wir nicht eins mit uns sind, wenn wir im Kopf oder im Verstand hängenbleiben. Dies wird häufig von uns unterschieden und wir trennen den Verstand von der Seele. Aber wir sind auch Seele, wenn wir verstandesorientiert handeln. Wir können die Seele nicht „offline" schalten – sie ist immer online. Der Kopf ist nur die Fragemaschine, die überprüft anhand von Mustern, Denkansätzen, Erfahrungen und Normen, ob das, was als Impuls gerade da ist, auch mit dem, was wir wollen, vereinbar ist.

Wir fühlen einen Impuls, bestimmte Dinge zu tun. Sofort geht unser Kopf die Erfahrungen und Möglichkeiten durch. Wie ein Scanner scannt er das bis dato Erlebte und Gewollte ab und gibt uns Hinweise und Warnungen, wenn wir den bis jetzt eingeschlagenen Weg verlassen wollen. Der Kopf ist also nicht gegen die Seele, gegen die innere Wahrheit, sondern er erinnert nur an das bis dahin gelernte Verhalten. Wenn wir das neutral wahrnehmen und uns dann sagen: „Okay, ich habe dich vernommen lieber Verstand, ich gehe jetzt mit meiner Entscheidung einen neuen Weg", dann kann ich diese Entscheidung schließlich auch zu meiner Herzensentscheidung machen und sie positiv belegen, denn wir erinnern uns, wir sind hier die Schöpfer. Was uns hierbei oft hindert, sind die Begrenzungen der Menschen, die uns umgeben und in deren Feld wir eingebunden sind. Besonders stark sind hier auch die Verstrickungen in der eigenen Familie, man spricht hier ja auch von Familienbanden.

Die Fragen aus dem Kopf sind häufig auch dafür verantwortlich, warum wir uns in einem Modus des Mangels befinden. Wir fragen uns, warum wir die Dinge nicht haben, obwohl wir sie uns doch so sehr wünschen. Wir fragen, warum wir nicht dieses und jenes anziehen – der Grund ist der, dass wir uns im permanenten Fehlermodus befinden. Was auch dem Prinzip der Resonanz entspricht. Wir senden keinerlei Energie dahingehend, dass wir uns schon im Haben-Modus befinden. Wichtig hierbei ist das Bewusstsein, dass wir mit unserer Seele, unserem Verstand und unserem Körper eine Einheit bilden und wir uns bewusst sind: Ich bin nicht getrennt von meiner Seele, sondern alles passiert aus ihr heraus.

Vergisst der Mensch diesen Zusammenhang – die Gründe hierfür können verschiedenster Natur sein –, dann entfernt sich die Seele oder auch der Geist vom Körper des Menschen, der Körper erkrankt und leidet unter diesem Zustand. Und damit sind wir wieder im Prozess, in welchem wir uns gerade hier auf der Erde befinden: Wir befinden uns im Übergang zum Aufwachen. Damit ist gemeint, dass immer mehr Menschen sich wieder erinnern, dass sie nicht getrennt von ihrer Seele oder etwas Anderem sind, sondern dass sie Schöpfer und eine Einheit sind. Dadurch, dass von bereits erwachten Schöpfern, immer mehr Signale in diese Richtung abgegeben werden, können viele sich daran erinnern, dass sie ja selbst ein Schöpfer sind.

Aus dem Gefühl des Getrenntseins heraus, haben wir uns immer wieder beruhigt und uns erzählt, dass es eine höhere Macht gibt, die uns leitet und diese Macht schon wissen wird, warum uns gerade jetzt gekündigt wird oder wir einen Unfall erleiden. Jetzt ist es jedoch an der Zeit zu erkennen, dass unsere Eigenständigkeit von uns gewählt wurde, um hier auf der Erde Spaß und Freude zu erfahren und ein Schöpfer oder eine Schöpferin zu sein.

Die Veränderung des Bewusstseins können wir dann wahrnehmen, wenn Menschen beginnen, alles zu beobachten, was um sie herum ist und was sie tun, denn irgendwann erkennen sie die weitere Realität hinter den oberflächlichen Erscheinungen. Das ist der Weg zum Schöpfersein, wenn wir Menschen anfangen, in diese Richtung zu gehen. Selbst Schöpfer gehen ab und zu in die Beobachtung zurück, um zu schauen, wo sie jetzt gerade ein neues Spiel aufbauen wollen. Die Frage stellt sich dann: Wie gehen wir in Zukunft mit Veränderungen, neuen Wahrnehmungen, Wahrheiten und Erkenntnissen in unserer Wahrnehmung um?

Wenn wir als System oder als Schöpfer in unserem Bewusstsein sind, werden wir immer (wenn wir es wollen) merken, was von unserer Wahrnehmung gerade existiert und was nicht existiert. Wenn wir beispielsweise eine Geschichte hören, dann bekommen wir sogleich ein Signal: stimmt oder stimmt nicht. Oft glauben wir Menschen aber lieber an das, was leicht zu glauben ist, gut zu verstehen oder unserer Gewohnheit entspricht. Es kann aber auch sein, dass wir erkennen, was gespielt wird und obwohl wir es erkennen, dennoch das alte Spiel gerne weiterspielen, weil uns das Spiel, gerade so wie es eben ist, Spaß macht.

Manche nicht wahrhaftigen Geschichten, die wir zu Ohren bekommen, haben dabei aber auch ihren Vorteil, denn sie sind wie Märchenerzählungen und können einigen Menschen die echte Wirklichkeit auf diese Art näher bringen. Das sind Arten einer Vorbereitung für ein neues Verständnis, so wie wir die Welt des Computers und des Internets als Netzwerk hernehmen, um vieles zu erläutern, was auf einer anderen geistigen Ebene existiert und stattfindet.

Unser Verstand braucht Verknüpfungen in Form dieser Geschichten, um sich neuer Ideen anzunehmen. Fantastische Geschichten, Bilder oder Filme lassen unseren Verstand und unser Gefühl auf Hochtouren arbeiten und Dinge hinterfragen. Wir wollen Wissen, ob vorgeblich Unmögliches womöglich doch funktioniert und Erfahrungen sammeln! Die Fantasie erlaubt unserem Verstand, Dinge einfach mal durchzuspielen oder in Erwägung zu ziehen, die unsere Intuition oder auch unsere Wahrnehmung schon lange angenommen hat. Uns interessiert und wir wollen wissen, was wir damit alles erschaffen können.

Wenn wir als Schöpfer hier auf die Erde gekommen sind, damit wir hier spielen und uns ausprobieren und wir hier auf der Erde auch Veränderungen einführen möchten, indem wir Frequenzen und Energien auf die Erde für mehr Bewusstsein bringen, damit sich hier etwas weiterentwickeln und bewegen kann, wozu tun wir das alles dann ganz genau? Wir tun das, damit alle Schöpfer, die auf der Erde sind und die wach werden, die Besonderheit an Frequenzen, die ihnen zu eigen ist, erkennen, noch mehr teilen und sich noch mehr einbringen. Sodass dadurch eine ganz neue physikalische Ebene entstehen kann.

Das heißt, dass aus diesem ganzen Spiel hier, was auf einer kleinen Ebene auf der Erde stattfindet, das vom Bewusstsein her aber ganz groß ist, ein neuer physischer Kosmos entsteht, der jedoch nicht mehr an alten Gesetzen hängt, sondern an neuen Besonderheiten. Wie auch neue Wege der Heilung in der Gesundheit, neue Möglichkeiten der Verarbeitung von Materie, neue Arten der Gewinnung und Nutzung von Energie, Entwicklung neuer Technologien, neue erweiterte Fähigkeiten der Kommunikation, Entdeckungen und Erweckungen unserer eigenen Kräfte. Um nur einige Beispiele zu nennen. Das ist es, was uns interessiert und wir spannend finden und dann auch spielen wollen. Wir wollen gerne hier auf der Erde mit unserem physischen Körper unsere ganzen Möglichkeiten der Schöpferkraft entfalten, anwenden und sehen, wie es sich entwickelt und wie Neues entsteht.

Auf der anderen Seite sind wir gezwungen, dies hier auf der Erde auch zu tun, weil die Erde für sich entschieden hat, sich weiterzuentwickeln. Die Veränderungen finden, wie bereits beschrieben, schon seit einiger Zeit statt. Wir müssten die Erde verlassen, wenn wir uns nicht mit verändern. Wir Schöpfer haben mit dem Schöpfer der Erde vereinbart, dass wir die Entwicklungen auf der Erde mitmachen.

Aufgrund dieser Erfahrungen können wir das neue Bewusstsein hier auf der Erde integrieren. Wir haben uns ausgesucht, in dieser Zeit auf der Erde Schöpfer zu sein und die derzeitigen und kommenden Jahre auf der Erde mitzuerschaffen, erleben und weiter mitzugestalten.

VII. Bewusstseinsentwicklung und energetische Besonderheiten seit 2012

In diesem Kapitel berichten wir von den seit dem Jahr 2012 sich entwickelnden Energieströmen der Sonne und der Erde und den damit verbundenen Auswirkungen auf uns Menschen. Wir gehen dabei zum einen auf Themen ein, die energetisch bereits begonnen haben und in dem Jahr sichtbar geworden sind und zum anderen auf weitere Themen, die durch die fortschreitenden Entwicklungen hier ihren Anfang gefunden haben. In einigen Bereichen gehen die Ausführungen der zukünftigen Veränderungen weit über die Ereignisse des Jahres 2012 hinaus und bieten uns einen Einblick in die Weiterentwicklung der Menschheit.

Zu Beginn des Jahres 2012 hat die Erde sehr viel Erdenergie in Form von magnetischer Strahlung an die Sonne gesandt. Bis dann im März eine Phase eingetreten ist, in der die Sonne den dadurch entstandenen Überhang an Energie begann auszugleichen und der Erde wiederum Energie zurücksandte, um eine Balance beider Energien herzustellen.

Bei uns machen sich solche Energietransfers in Form von Sonnenströmen und durch andere Energieströme und Lichtfelder bemerkbar. Die Sonne stellt damit die Harmonie zwischen dem Energiefeld der Erde und ihrem eigenen Energiefeld wieder her. Das Hoch dieser Ausgleichsphase war von Mai bis August des Jahres zu spüren. Im August wurde dann nur noch eine Restenergie wahrgenommen. Auf der Bewusstseinsebene dieser beiden Energien (Sonne und Erde) bedeutet dies, dass beide in dieser Zeit eine neue große gemeinsame Bewusstseinsebene geöffnet haben. Diese Ebene wird sowohl den Menschen als auch der Sonne und der Erde selbst dienen.

Sonne und Erde sind durch ihre Entwicklung selbst zu zwei einzelnen bewussten Schöpfern geworden, die wiederum aus einem Schöpfer entstanden sind. Beide Schöpfer haben sich entschieden, etwas für sich zu tun. In diesem Fall, eine nächste Bewusstseinsebene zu erreichen. Als Nebeneffekt nehmen sie uns Menschen auf ihrer Reise in die nächst höhere Ebene mit. Die meisten Menschen sind hier auf der Erde, um diese Erfahrung mitzuerleben, denn auch wir sind Schöpfer.

Zum besseren Verständnis hier ein kleiner Exkurs: Die Sonne und die Erde sind zwei Himmelskörper, die aus einem Schöpfer heraus entstanden sind und dadurch eine gleiche Grundschwingung haben. Dies ist geschehen, weil die Schöpfung, um selbst zu erkennen, was sie eigentlich ist, begonnen hat, sich zu spiegeln. So sind, unter anderem, Sonne und Erde entstanden. Um Aspekte von sich zu verändern und sich selbst zu erkennen, haben Sonne und Erde dann erst einmal sich selbst, unabhängig vom jeweils anderen, entwickelt. Bisher waren beide wie zwei Pole, die im Verständnis einer Erfahrung versuchten, für sich alleine in ihrer Entwicklung weiterzukommen und sich selbst mit ihrer eigenen Identität zu spiegeln. Hierbei haben sie den jeweils anderen nur anteilig mitgenommen. Das war die Phase, in der Sonne und Erde und auch wir Menschen bis etwa zum Beginn des 20. Jahrhunderts gelebt haben.

Im Jahr 2012 eröffneten sich für Sonne und Erde neue Aspekte und beide schlossen sich in ihrer Grundenergie wieder zusammen. Sie sind zu einer Einheit geworden und haben dadurch mehr Kraft für weitere Entwicklungen. Sonne und Erde haben dabei das Ziel,

eine weiterc Stufe in ihrer Entwicklung zu erlangen, indem sie selbst zu einer „Schöpfung" werden, um sich letztendlich wieder selbst zu spiegeln und sich dadurch selbst zu erfahren. Das funktioniert jedoch nur, wenn auch wir Menschen in die höheren Ebenen des Bewusstseins aufsteigen, damit wir zum einen irgendwann aus eigener Kraft unsere Erde und unsere Sonne als Spiegelung erschaffen können und die jetzige Erde und Sonne von uns nicht mehr benötigt wird. Zum anderen sich jeder Mensch wiederum selbst durch eine eigene Spiegelung auf höheren Ebenen erfährt.
Mit dieser Entwicklung schließt sich der Kreislauf der Schöpfung. Die Urenergie der Schöpfung spiegelt sich, damit sie sich erfahren kann. Im Zuge dieser „Erfahrungsreise" kommt die Schöpfung durch andere neue Schöpfungen irgendwann wieder an den Punkt der ursprünglichen Schöpferkraft zurück. Das erkennen wir Menschen auch für uns immer mehr und bewegen uns genau in ihre Richtung. Dieser Prozess findet in der gesamten Galaxie, in unserem Kosmos und in anderen Welten statt. Mehrere große Wesensheiten, die eine sich im vollen Bewusstsein befindende Energieform sind, haben beschlossen, sich in den Urschöpfer-Zustand zu bewegen, um sich in der Form selbst zu erfahren. Sie treiben den Prozess der Veränderung an, was gleichzeitig zur Beschleunigung unserer eigenen Veränderung führt. Alles geschieht auf allen Ebenen parallel. „Wie im Kleinen, so im Großen", „wie unten, so oben." Wir befinden uns nicht allein in diesem Entwicklungsprozess, denn auf anderen Planeten und überall geschieht aufgrund dieser Gesetzmäßigkeit gerade das Gleiche.
Warum haben wir dann das Gefühl, dass die Zeit immer schneller wird, sich manche Dinge aber wie von selbst erledigen? Im Zusammenhang mit den oben beschriebenen atmosphärischen Entwicklungen wird bei uns auf der Erde mit den Jahren die Dualität, das

heißt die Einordnung in Gut und Böse, Negativ und Positiv, Himmel und Hölle u. a., wegfallen. Auch die damit verbundene Zeit- und Raumillusion hat dann keine Bedeutung mehr für uns. Auf der geistigen Ebene ist die Raum-Zeit-Komponente jetzt schon aufgehoben. Was wir bei Fernheilungen und Gedankenübertragungen bereits erfahren können. Wenn ich heute an jemanden denke, dann kann er dies ziemlich zeitgenau wahrnehmen und nicht mehr zeitversetzt, ebenso verhält es sich bei einer Fernheilung.

Es wird allerdings noch eine gewisse Zeit brauchen, bis wir diese Veränderungen auch physisch wahrnehmen werden, da in unserem physischen Körper die Dualität noch existent ist. Das bedeutet, dass der Körper immer noch selbst Materie umwandelt und immer noch sehr viel Energie und Umstände braucht, damit er auf der Erde sein kann. Sobald die physische Dualität nicht mehr vorhanden ist, hat der Körper keinen festen Punkt mehr. Der Körper kann dann materialisiert und dematerialisiert werden. Solange die physische Dualität existiert, brauchen wir Luft, Sauerstoff, Flüssigkeit und Nahrung. Fällt die physische Dualität weg, kann der Körper ohne diese Stoffe leben. Auf der geistigen Ebene wird die Dualität immer weiter abnehmen, bis sie nicht mehr gegenwärtig ist. Es liegt an uns, inwieweit wir dieses zusätzliche Instrument der Dualität für uns noch nutzen wollen.

Wir können uns das wie bei einem Computerspiel vorstellen. Es ist so, als ob wir ein neues Level gezeigt bekommen und wir uns dann bewusst entscheiden müssen, ob wir dieses Level auch wirklich spielen wollen. Mit dem neuen Level ist gemeint, dass wir den Raum-Zeit-Faktor nicht mehr bedienen, sondern alles im Augenblick erledigen. Wir erschaffen viel mehr und können viel kreativer sein. Das heißt, wir überlegen nicht mehr, ob etwas funktionieren könnte oder nicht, denn wir sehen gleich, ob es existiert oder nicht existiert und funktioniert. In ungefähr fünf Jahren werden schon einige in diesem Level spielen, um bei diesem Bild zu bleiben.

Das Phänomen unserer Zeit und besonders in diesen Jahren ist es, dass viele Menschen das Gefühl haben, ihre Zeit vergeht sehr schnell. Sie möchten viele Dinge tun, wissen aber nicht, wie sie alles zeitlich umsetzen können. Die Zeit verfliegt immer schneller, bis zu dem Zeitpunkt, an dem die Zeit keine Bedeutung mehr für uns hat. Das heißt, wir werden durch die Geschwindigkeit trainiert, uns von unserem Bewusstsein her auf eine neue Vorstellung der Größe Zeit einzustellen, indem wir erkennen, wenn wir etwas bewusst denken, wir eine sofortige Reaktion erhalten. Wir bewegen uns bereits zunehmend in dieser Zeitqualität. Viele werden dies in ihrem Alltag bemerkt haben, so denken wir manchmal sehr bewusst: Ich könnte jetzt einen Kaffee gebrauchen. Und ziemlich bald kommt eine Kollegin oder ein Kollege herein und fragt, ob sie oder er einen Kaffee mitbringen kann.

Dabei ist es hilfreich, dass wir das, was wir angefangen haben und auch tatsächlich zu Ende bringen wollen, als Hauptsignal setzen. Alles, was für einen wichtig ist, sollte immer als Hauptsignal gesetzt sein. Es ist wichtig, nicht zu denken: „Das würde ich gern machen." Besser ist: „Es ist vollbracht!". Damit es in der Zeitschiene bleibt. Wenn wir unser Vorhaben nicht mehr als Hauptsignal zu einem Zeitpunkt setzen, kommen wir zeitlich nicht mehr hinterher, da wir kein klares Signal haben und sich andere Dinge davor schieben können. Trotzdem sind einige Vorhaben vielleicht erst in zwanzig Jahren vollendet, andere umso schneller.

Die meisten Menschen überlegen sich, dass sie gerne etwas Bestimmtes machen möchten und sagen sich dann: „Ich mach es irgendwann." Schon ist es nicht mehr fest in der Zeitschiene und geht so auch in der Zeit verloren. In seinen Gedanken sollte man sein Vorhaben bereits fertig vor Augen haben und sich sagen: „Das ist jetzt für mich klar. Das ist entstanden. Das existiert jetzt!". Und somit ist es auch auf dieser Ebene existent, auf der es real sein soll. Das funktioniert wie bei einem Mental-Training, nur dass wir die Zusammenhänge jetzt besser verstehen und die Zeit kaum noch eine Rolle spielt.

Wir befinden uns in einem wichtigen Lernschritt, weil wir durch die Geschwindigkeit der Zeiterhöhung uns selbst immer wieder prüfen, ob wir unsere Vorhaben auch wirklich einhalten wollen. Ob wir nicht wieder ungeduldig werden und denken: „Ach, vielleicht lieber doch nicht." Oder: „Es kommt ja gar nicht." Das ist das falsche Signal an die Realisierung unserer Pläne. Denn als Schöpfer erwarte ich es nicht mehr, sondern als Schöpfer schaue ich auf all die Baustellen, die ich verursacht habe und die eine Verwirklichung behindern, kläre diese und dann ist das Gewählte bereits existent, da sich alle Energien darauf richten.

Kehren wir zurück zu den Auswirkungen der Harmonisierung von Sonne und Erde in dem Jahr 2012. Für uns Menschen bedeutet der Ausgleich dieser beiden Energien auch einen Ausgleich unserer männlichen und weiblichen Energien, die sich verbinden. Das heißt, Männer und Frauen werden in ihren Anteilen und ihrem Bewusstsein weiblicher und männlicher. Die alten Bedeutungen weiblicher und männlicher Emotionsfelder – weiblich gleich schwach und einfühlsam, männlich hingegen stark und unflexibel – bekommen neue Werte und neue Informationen. Daraus entstehen für die Frau und den Mann neue Emotionsebenen, wodurch sich ein neuer Wert auf geistiger Ebene entwickelt. Mann und Frau sind dann nicht mehr nur auf eine männliche oder weibliche „Linie" begrenzt, sondern sind als Ganzes auf der geistigen Ebene sichtbar. Für uns Menschen kann dies bedeuten, dass wir das, was wir vielleicht bei einem Partner gesucht haben, in uns selbst finden und in uns selbst aufkeimt. Oder wir das, was wir meinten zu vermissen, in uns spürbar wird und die uns vorher fehlenden Aspekte unseres Seins zur Verfügung stehen.

Als Mann brauchen wir nicht mehr eine sogenannte männliche Ebene bedienen oder als Frau eine weibliche, sondern wir fühlen uns als Einheit ohne einschränkende Linien und können aus einem erweiterten weiblichen und männlichen Potenzial schöpfen. Diese Aufweichung ist bereits seit Jahren spürbar und kommt in dem Jahr 2012 zur Vollendung. Ein Beispiel hierfür ist, dass ein typisches Rollenverhalten von Mann und Frau immer weniger gelebt wird, da kaum noch jemand eine wichtige Bedeutung daran knüpft. Die alten Muster sind letztlich nicht mehr mit unseren Gefühlen und Bedürfnissen in Einklang zu bringen. In der vergangenen Zeit war alles sehr männlich geprägt. Von nun an findet ein Ausgleich zwischen weiblicher und männlicher Energie statt, indem das Weibliche hervorgehoben wird, bis ein energetisches Gleichgewicht besteht.

Und was verändert sich dabei auf der geistigen Ebene für uns? Das Energiefeld von Sonne und Erde, das diesen Prozess anschiebt, ist so stark, dass uns Menschen keine andere Wahl bleibt, als uns auf diese Veränderung einzulassen. Wir sind fast dazu gezwungen, diesen Bewusstseinsschritt mitzugehen. Sonne und Erde haben einen energetischen Sog, der so stark ist, dass er uns durch die atmosphärischen Einflüsse mitzieht. Gleichzeitig nehmen wir unsere verschiedenen geistigen Schöpferebenen viel bewusster als vorher wahr und beginnen sie in vielen Bereich unseres Seins und unseres

Lebens mehr und mehr auszuleben. Wir verbinden die geistige und physische Ebene für uns derart spürbar miteinander, dass wir die Ebenen gleichzeitig wahrnehmen. Das physische wird feinstofflicher und dennoch sehr präsent. Die geistige Energie wird sich mehr mit der Materie verbinden. Sie werden zu einer Ebene. Wir Menschen sind jetzt schon eine Verbindung von geistiger und materieller Ebene. Es gibt aber noch weitere Entwicklungen in dieser Verbindung, die wir uns bis jetzt noch gar nicht vorstellen können.

Momentan sind unsere verschiedenen Schöpferebenen Ebenen, in welchen wir bereits erschaffen (so die Liebe unserem Nächsten gegenüber, uns verwirklichen), wir in verschiedenen Ebenen immer kreativer werden (wir spielen mit unseren geistigen und körperlichen Möglichkeiten, Fernheilung, neuen Technologien), aber auch Ebenen, in welchen wir von anderen Schöpfern immer mehr wahrnehmen (was denkt und fühlt sie oder er, wie reagiert sie oder er, welche Ideen hat sie oder er u. s. w.). Das bedeutet, dass wir sehen, was andere Menschen verursachen und welche Kreativität sie an den Tag legen, wobei wir dadurch die Besonderheit an uns, aber auch an anderen Schöpfenden klarer erkennen können.

Unser Gehirn bereitet sich seit einigen Jahren auf diese Entwicklung der erweiterten Ebenen vor, indem sich unsere Synapsen zur Zeit jedes Jahr rasant vermehren. Die Prozesse in unserem Gehirn werden dadurch immer schneller. Um das Wachstum des Gehirns und die Prozesse zu unterstützen, können wir die Natur als wachsamer Beobachter betrachten. Indem wir uns darin üben, mit unserer inneren Wahrnehmung und ohne zu urteilen, unsere Umwelt mit neuen Augen zu sehen, entwickeln wir uns weiter. Durch ein vorurteilsfreies Betrachten von Mensch und Natur bereiten wir unser Gehirn auf die Ebenen vor, die sich weiter öffnen werden.

Dabei ist es wichtig, sich in den Bewusstseinszustand des Schöpfers – Alles, was mir begegnet, habe ich selbst erschaffen! – zu versetzen und aus diesem Bewusstsein heraus wahrzunehmen, was da ist. Es ist hilfreich, wenn wir unsere menschliche „Sicht der Dinge" dabei versuchen, außen vorzulassen. Das ermöglicht uns, öfter andere Sachverhalte, Wesen und Phänomene zu entdecken. Es wird immer leichter zu unterscheiden sein, ist es Fantasie, was ich wahrnehme, oder sehe ich jetzt nur mehr, als mir vorher bewusst war. Hierbei gilt es, offen gegenüber allem zu bleiben und sich als Schöpfer mit seinen Wahrnehmungen zu vertrauen.

Ein weiterer Schritt, sich in unserem Schöpfersein zu üben, ist, sich spielerisch in Dinge zu verlieben, damit sie sich materialisieren. Wenn wir schon immer auf einem Berg wohnen wollten, sollten wir dieses Spiel spielen und uns darin verlieben, es erreicht zu haben – und wenn wir es wirklich wollen, es auch realisieren. Es geht darum, Träume und Wünsche zu verwirklichen und lang Ersehntes umzusetzen. Wir werden immer mehr die Dinge materialisieren, in die wir uns verlieben. Dieses Verlieben steigert bei uns Menschen die Freude und führt uns zur schöpferischen Leichtigkeit zurück. Verlieben können wir uns zum Beispiel in das Gefühl eines Windhauchs, in einen Sonnenstrahl oder ein Eis – worin auch immer – wichtig dabei ist, dass wir wieder lernen, uns in alles Mögliche und Unmögliche zu verlieben, so wie es ganz kleine Kinder tun.

In 2012 befanden wir uns im Abschluss eines geistigen Prozesses. Angefangen hat dieser Prozess ungefähr im Jahr 1987 mit der bekannten „harmonischen Konvergenz". Hunderttausende Menschen schlossen sich auf der Erde zusammen und meditierten gemeinsam, um ein neues Energiegitter, respektive Informationsfeld auf der Erde zu aktivieren und zu stärken, das von ein paar wenigen Schöpfern installiert wurde, um die Bewusstseinsebene anzuheben. Seitdem ist es nicht nur erfahrenen Yogis und Meistern, die sich ein Leben lang der Meditation hingegeben haben, möglich, sich zu schulen und zu höheren Erkenntnissen des eigenen Bewusstseins zu gelangen. Von nun an ist es möglich, dass jeder Mensch Zugang zu seiner Schöpfungskraft erhalten konnte. Das war der Beginn des starken Anstieges der Esoterikwelle mit all ihren Entwicklungsphasen.

Das Bewusstsein der Menschen hat sich dadurch in den letzten Jahren schneller entwickelt, damit es neue Informationen und Veränderungen aufnehmen kann. Die Erde befindet sich, wie oben beschrieben, ebenfalls in einem Entwicklungsprozess und wird immer mehr Bewusstseinstore öffnen, die es uns ermöglichen, mehr Wissen von der Erde zu erhalten. Die Speicher der Erde, die vormals hauptsächlich im Wasser waren und auch in uns sind, da wir zu siebzig Prozent aus Wasser bestehen, werden sich auf geistiger Ebene erweitern. Mit diesen Speichern sind Informations- und Kommunikationsspeicher gemeint.

In einem Kommunikationsspeicher werden bereits entstandene Arten der Kommunikation (wie Gedanken und Gefühle übermittelt werden können) gespeichert, sodass sie jeder durch die sensibilisierte Wahrnehmung seiner unterschiedlichen Sinne erfassen kann. In einem Informationsspeicher wird beispielsweise eingelagert, wann und wie jemand Gutes für die Erde tut. Andere können dann überall auf der Erde auslesen, was derjenige für die Erde vollbracht hat.

Auslesen bedeutet hier, man verbindet sich mit dem Menschen oder der Materie, über die man etwas in Erfahrung bringen will, stellt seine Fragen hierzu und erhält über die Netze, mit denen wir verbunden sind, die Antwort. Empfänger ist hierbei der geistig physische Köper, und unsere Sinne und unser Verstand übersetzen, die von unserem geistigen physischen Körper empfangenen Informationen. So ist Information folglich nicht mehr nur eine Ahnung oder das Erkennen, dass jemand etwas gemacht hat, sondern es kann eins zu eins ausgelesen werden. Die Erweiterung dieser Wahrnehmung von Informationen ist der sofortige bewusste Zustrom der wichtigsten Informationen, auf die man seinen Fokus gerichtet hat. Das heißt, wir haben es als Bewusstsein. Das bedeutet, dass wir Schöpfer für andere Schöpfer transparent sind. Jeder kann bei einem anderen Schöpfer lesen oder sofort wahrnehmen, was in seinem geistigen Speicher passiert ist. Dadurch wird unser System offener und es gibt kein Verstecken oder Zurückhalten von Informationen mehr. Nach dem Motto „Ich mache etwas, was du nicht wissen darfst." Diese Möglichkeit gibt es dann nicht mehr. Wir können auf alle Speicher zugreifen. In unserem Text verwenden wir für beide Varianten, wie im ersten Kapitel bereits erwähnt, den Begriff des Lesens.

Sonne und Erde haben ab dem Jahr 2012 einen gemeinsamen Informations- und Kommunikationsspeicher. In diesem Speicher wird alles aufgenommen, was geschieht, da durch die Verbindung und die Entstehung neuer Ebenen der Sonne und der Erde, wie oben beschrieben, viele Veränderungen auch bei den Menschen einhergehen. Diesen Speicher können wir auslesen, denn er hat mehr und andere Informationen als die, die wir bisher kennen. Wir werden dann auch mit Fähigkeiten und Energieformen kommunizieren, mit welchen wir bisher nicht kommuniziert haben.

Wir können in direkten Kontakt mit anderen Galaxien und ihren Feldern kommen.

Für uns auf der Erde hat das den Vorteil, dass wir generell mehr Wissen erhalten können und dadurch auch immer mehr spüren werden, was unsere Wahrheit ist. Es wird uns immer leichter fallen zu unterscheiden, ob wir wahrhaftig sind und diese Wahrheit leben oder in irgendeiner Form manipuliert werden. Oder anders gesagt: Was aus meiner Schöpferebene ist und was nicht dazu gehört. Wenn ich zum Beispiel die Wahrheit meines Nachbarn lebe oder das lebe, was mir von anderen vorgegeben wird und nicht mich und meine Art zu sein auslebe.

Dazu gehört auch, dass gewisse, von Menschen geschaffene Werte und Normen wegfallen werden, weil sie mit dem Schöpfertum nichts mehr zu tun haben. Beispielsweise wird es für uns keine Rolle mehr spielen, ob wir Recht oder Unrecht haben. Diese Unterscheidung ist wie eine Blockade. In Zukunft schaut man, was für Alle das Beste ist. Es geht nicht mehr darum, wer Recht oder Unrecht hat. Dadurch wird sich das Thema Macht neu ordnen können.

Eine weitere Besonderheit in diesem Zusammenhang der Bewusstseinsveränderung von Werten, Normen und der vermehrten Wahrnehmung der Informationsspeicher, wird auch sein, dass das Land China, auch ausgehend vom wachsenden Bewusstsein der Menschen dort, eine neue Bedeutung bekommt. Das Einheitsbewusstsein, das derzeit noch existiert, wird sich ab 2012 energetisch beginnen aufzulösen. Der einzelne Mensch geht hier vom Einheits- oder Zentralbewusstsein ins Einzelbewusstsein über. In China ganz besonders, aber nicht nur dort, sondern überall auf der Erde, beginnen Menschen, sich zu überlegen, welchen Weg sie gehen wollen oder welches Tor sie wählen. Eine zentrale Steuerung hier auf der Erde, die alles bestimmt, verschwindet zunehmend.

Mit der Öffnung und Wahl der Tore geht eine weitere Veränderung in uns Menschen einher, in welcher Teile unserer Fantasie immer mehr zur Realität werden. Denn es wird ganz viele Tore und Wege auf physischer sowie auf geistiger Ebene geben, die uns plötzlich bewusst machen: „Es gibt unendlich viele Wege!". Und wir werden die Wege gehen, die uns als Schöpfer am meisten Freude machen.

In diesen Zeiten des Wandels und der Verunsicherung wählen viele Menschen jedoch noch alte Werte und verstärken diese, denn zum Teil wollen sie diese Werte noch einmal ganz stark ausleben, bevor sie sie dann loslassen. Am Beispiel Gesundheit lässt sich das sehr gut aufzeigen. Obwohl sich das Bewusstsein in Fragen der Gesundheit bereits ändert, werden manche Menschen lieber noch mal in die Krankheit gehen, weil sie (unbewusst) denken: „Was mach ich denn, wenn ich gesund bin? Ich habe dann ja nichts mehr. Ich bin ja dann in einem ausgeglichenen Zustand und es gibt keine Ausreden mehr für die Dinge, die ich tun könnte, aber unterlasse zu tun." Was den Wandel im Jahr 2012 betrifft, so bedeutet dieser ebenfalls, dass das Erklärungsmodell des Karmas östlicher Religionen seit einiger Zeit für das Leiden der Menschen hier auf der Erde nicht mehr gültig ist. Die Erde erneuert sich alle sechzig Millionen Jahre, dies trifft mit unserem Kalender im Jahre 2012 zusammen. Der Strahl des Universums umhüllt dann die Erde komplett. Diese beiden Phänomene zusammen bewirken die Auflösung aller alten Strukturen und Modelle, auch die Vergangenheit löst sich auf. Der Mensch darf dann die Erfahrung machen, in die vollkommene Gesundheit zurückzukehren.

Ein anderer Grund für das Aufleben der alten Werte kann sein, die Erfahrungen der Vergangenheit in nostalgischer Sehnsucht noch einmal durchleben zu wollen, um mich davon abzuhalten, einen neuen Weg einzuschlagen. Das Neue ist ungewiss, es verursacht Angst. Alte Werte werden auf Dauer jedoch keine Wirkung mehr haben, denn das Leben verändert sich. Das Ablegen alter Werte wird sich trotzdem nicht mehr so lange hinziehen. Das Annehmen neuer Energien und neuer Werte wird dagegen noch länger andauern.

Im August des Jahres machte sich der Ausgleich der Energien durch einen sogenannten energetischen Stillstand bemerkbar. Sonne und Erde vereinten ihre Felder. Das konnte in manchen Bereichen und Beziehungen kurzzeitig ein Chaos verursachen. Die Menschen konnten sich hilflos fühlen, da sie merkten, dass sie immer mehr Verantwortung für sich übernehmen müssen. In solchen Situationen können Sie sich helfen, indem Sie ehrlich zu sich und anderen sind und danach handeln. Sie brauchen sich nicht hilflos fühlen. Am Besten suchen Sie nicht im „Außen", sondern schauen einfach auf sich selbst und sind Sie selbst.

Wir möchten an dieser Stelle noch mal hervorheben, dass Roman Christian Hafner keine Botschaften und Informationen empfängt, wie es sich beispielsweise bei einem Channeling ereignet, sondern er die Informationen aus den Datenbanken unseres Kosmos herausliest.

In der kommenden Zeit wird es so etwas wie einen Propheten oder Anführer nicht mehr geben, denn keiner wird einem anderen mehr abnehmen, dass er mehr ist als er selbst. Es wird dann auch immer mehr Menschen geben, die in den Datenbanken unseres Kosmos und darüber hinaus Informationen abrufen und selbst schauen können, was für sie wahr ist. Menschen, denen dies noch nicht möglich ist oder die noch nicht so bewusst sind, kann dann von anderen bewussten Menschen geholfen werden.

Moderatoren, Helfer und Begleiter werden anleitend, unterstützend oder Ideen gebend wirken. Sie nutzen ihre entwickelten Möglichkeiten, um anderen ihre eigenen Fähigkeiten aufzuzeigen. Denn viele Menschen können mitunter vielleicht alles wahrnehmen, aber sie wissen meist nicht, wie oder wann sie das Wissen am besten anwenden. Es wird noch einige Zeit brauchen, bis wir mit den neuen Fähigkeiten und Informationen spielerischer umgehen werden und wir auf diese Art neue Möglichkeiten in Natur, Forschung, Technik, gesellschaftlichem Miteinander, Umfeld und Selbsterkenntnis intensiver erforschen. Zudem wird es neue Erkenntnisse geben, was darüber hinaus möglich ist. Andere Menschen, die im Umgang mit der erweiterten Kommunikation und der Verarbeitung der neu gewonnenen Informationen Übung haben, werden anderen zeigen, wie sie mit diesen Fähigkeiten Spaß haben und was sie damit alles anfangen können. Es gibt einige Menschen, die auf verschiedenen Ebenen bereits in diesen Bereichen arbeiten.

Im Folgenden sollen nun einige Fragen, die immer wieder an uns herangetragen werden, beantwortet werden.

Was geschieht in der deutschen Wirtschaft und wie entwickelt sich unser Geld-Bewusstsein?

Neue Ideenmuster und Ideenarten sowie Formen der Wirtschaft entstehen. Firmen gehen nicht mehr in den Kampf gegeneinander, sondern versuchen viel mehr, etwas miteinander zu realisieren, sodass mehr Projekte gleichzeitig starten können, um auch schönere und bessere Projekte auf den Weg zu bringen. Dabei wird sich die Art, in der wir bis jetzt über Wachstum nachgedacht haben, ändern. Wir werden nicht mehr über das Geld an sich und seine Vermehrung nachdenken, sondern darüber, welche Projekte wir damit wirklich realisieren wollen. Die Menschen werden mehr materielle Dinge anschieben, wobei sie nicht mehr darüber nachdenken, in welche Bereiche sie jetzt ihr Geld ausschließlich zur Vermehrung hingeben möchten, sondern sich zur Verwirklichung eines Projektes mit anderen zusammentun.

Momentan gibt es noch sehr viele einzelne Wirtschaftskämpfer und sehr viele, die Macht ausüben – und noch immer mehr Macht ausüben. Das wird sich ändern. Wir haben derzeit ein paar große Familien auf der Erde, die fast alles steuern. Sobald sie erkennen, dass ihre Macht nicht mehr gebraucht wird, werden sie diese Macht abgeben. Das heißt, die Macht wird von diesen Familien so lange aufrecht erhalten, so lange noch genügend Schöpfer und unbewusste Menschen an diesem Spiel mitspielen. Sobald das Spiel für die Leute an Bedeutung verliert, weil es andere, neue, interessantere Spiele gibt, haben auch die Schöpfer, die dieses Spiel der Macht aufrechterhalten, kein Interesse daran, es weiterzuführen.

Zur Frage der Macht der Autokonzerne kann man soviel sagen, dass es auch diese weiterhin geben wird, aber nicht mehr in der Form, dass sie groß sind, sondern in der Hinsicht, dass sehr viel mehr Individualität entsteht. Autokonzerne bewegen zur Zeit hauptsächlich Masse. In der Zukunft werden sie Neues schneller bewegen können, weil es sich nicht mehr um die Frage des Geldes dreht. Es wird nicht mehr nur um Umsatz und Gewinn gehen, sondern auch um Individualität, wobei man sich mehreren kleinen Projekten widmet. An und für sich ist dieser Trend bei einigen Automarken auch jetzt schon deutlich zu erkennen.

Unsere Wahrnehmung des Geldes verändert sich. Wir denken, dass wir mehr Geld zur Verfügung haben, weil Geld, in seiner bisherigen Form, an Wichtigkeit verlieren wird. Wir sehen Geld als Energie und erkennen, dass von dieser Energie sehr viel vorhanden ist und wir sie einfach einsetzen können. Geld hat nicht mehr die Bedeutung für uns, dass wir ihm hinterherrennen oder etwas Großes dafür tun müssen, sondern wir wissen, dass es einfach als Energie existiert. Wir erschaffen Geld in unserer Schöpferkraft so, dass wir das, was wir brauchen, mit unseren Fähigkeiten hervorbringen und dann einsetzen. Jeder Mensch kann Geld, und eigentlich ist es nur ein Tausch von Energien – folglich ein Tauschmittel –, erschaffen. Auf diese Art und Weise handhaben es die meisten Menschen. In der Zukunft wird dieses spezielle Tauschmittel jedoch immer weniger Bedeutung haben, da immer neuere Energieebenen aufgemacht werden und diese sich miteinander verbinden. Wir kommen in eine andere Art von direktem Energiefluss. Wir werden uns in diesen Ebenen bewegen und dort Energien austauschen. Wenn in Zukunft Leute etwas zusammen unternehmen wollen und ihre Schwingung teilen, ist das so, als ob sie etwas austauschen würden. Heute tauschen wir Geld, morgen tauschen wir Energien – ohne Papier, Münze oder EC-Karte.

Auch wird es für uns einfacher sein, Materie zu erschaffen oder zu besitzen. Sie ist nicht mehr eine Notwendigkeit der Beschaffung, sondern Materie wird für uns einfach existieren und wir können danach greifen, soviel wie wir davon brauchen. Das heißt, wir sind in der Lage, mit unserem Bewusstsein, aus verschiedenen Energien Materie herzustellen, wie es ein paar wenige Menschen auf diesem Globus bereits geschafft haben. Daher ist das, was gerade auf der Erde passiert, ein enormer Bewusstseinsschritt, denn es ist unendlich viel Materie vorhanden. Was den Energietausch betrifft, brauchen wir uns nur dazu öffnen, Materie anzunehmen und sie zu nutzen. Somit kann Energie leichter gewechselt werden und schneller entstehen.

Für die Zukunft heißt das, dass wir vom Bewusstsein her immer mehr Materie bekommen und dadurch mehr Geld haben werden. Bis unser Bewusstsein das Geld als Tauschmittel nicht mehr braucht, ist es noch ein längerer Prozess. Denn auch das Tauschmittel Geld gibt uns schöpferisch gesehen auch in nächster Zeit noch sehr viele Möglichkeiten. Wir werden es bewusster einsetzen und es wird keinen Kampf mehr darum geben. Der Prozess der Menschen geht gerade dahin, dass es ihnen bei Geld nicht mehr um Macht geht, sondern darum, dass alles, was man mit Materie machen kann und alles, was durch den Tausch der Energie Geld möglich ist, beschleunigt oder erreicht wird. Es geht nicht mehr darum, dass einer mehr oder weniger besitzt, damit er etwas erzeugen kann. Das Geld wird sich von selbst anders verteilen. Energetisch gesehen wird es nicht mehr nach Regeln verteilt, sondern es wird eine Energie entstehen, die man ergreifen kann oder nicht. Ich kann davon etwas nehmen und damit wirken, oder ich nehme nicht davon.

Geld ist eine positive Energie. Sie ist extra existent, um Materie in schnelle Materie umzuwandeln. Eine sehr gute Energie, wenn wir vom Bewusstsein immer mehr die positive Energie darin sehen und dadurch eine bewusste Veränderung auf der geistigen Ebene weiter ausbauen. Geld ist dabei bereits eine virtuelle Energie, denn im echten Leben gibt es den Tausch Materie gegen Materie immer weniger. In dieser Hinsicht befindet sich das Geld bereits auf der geistigen Ebene (als Daten und Information) und das wird so lange so sein, bis wir vom Bewusstsein eine andere Energie dafür haben. Zur Zeit steht Geld noch für Macht, indem ich sage: „Ich kann mir etwas leisten, was sich ein anderer nicht leisten kann." Dieses System verliert seine Wirkung und damit wird Geld zu einem Austausch von Energie ohne Macht. Ich habe dann eine bestimmte Summe und überlege mir, was ich damit zur Freude und zum Wohle Aller machen kann. Es geht nicht mehr darum, dass ich jemandem etwas beweise oder irgendetwas Besonderes damit tue, sondern es ist einfach da und ich mache, was ich mit Freude machen möchte.

Von unserem Bewusstsein her wird sich insofern etwas ändern, dass sich Projekte einfacher und schneller realisieren lassen. Das Geld wird nicht gehortet, sondern im Zusammenspiel von Ideengebern und Geldmittelgebern in Form eines gemeinsamen Projektes in die Tat umgesetzt.

Dadurch, dass mehr und mehr Bewusstsein für die neue Geldenergie – eine Energie als Mittel, etwas zu verwirklichen – da ist, wird sich die Situation in der Wirtschaft ändern. Wir werden anders über Geld reden, so, als ob noch eine weitere Idee und ein energetischer Aspekt zum Sinn und Zweck des Geldes dazugekommen sind. Durch die Veränderungen in unserem Bewusstsein verändert sich auch unser politisches und wirtschaftliches Verständnis und damit auch unser Verständnis von Geld und seiner Wirkung für uns. Diese Prozesse haben bereits begonnen.

2012 wird mit den Begriffen Bewusstseins- und Dimensionssprung in Verbindung gebracht. Was bedeuten diese Begriffe?
Den Dimensionssprung machen wir dadurch, dass wir in dieser Zeit so viele Synapsen entwickeln, dass wir die Verschmelzung, die die Erde mit der Sonne vorantreibt, als neue Dimension erfahren. Das ist ein Dimensionssprung, den wir körperlich und geistig sehr stark spüren können. Das heißt, wir werden auf der geistigen Ebene stärker und dadurch auch auf der physischen Ebene. Der Körper geht nicht mehr in die Krankheit, sondern in die absolute Gesundheit. Der Körper ist permanent in einer Regenerationsphase, um seine physikalische Stärke dauerhaft aufzubauen. Auf der geistigen Ebene sind wir immer bewusster. Was in weiterer Zukunft dazu führen wird, dass auch das bestehende Gesundheitssystem irgendwann wegfallen kann, denn wir werden dann keine Krankheiten in der herkömmlichen Weise mehr haben.

Dieser Prozess kann auf der einen Seite sehr schnell geschehen, weil die Erde ihn in sich schon abgeschlossen hat und wir nur die Nachzügler sind. Auf der anderen Seite kann es, je nach bewusster Entwicklung, auch noch eine Weile dauern, denn wir springen von einer Dimension, in der die meisten Schlafenden waren, in eine Dimension, in der alle Schöpfer sind. Das heißt, dass absolutes Bewusstsein da ist und bei allem, was man tut oder existiert, man sich im vollen Bewusstsein befindet. Der Dimensionssprung bedingt einen Bewusstseinssprung beziehungsweise eine Bewusstseinsveränderung.

Momentan befinden wir uns in der fünften Dimension und steigen schon in die nächste Dimension auf. In der fünften Dimension befinden wir uns nur kurze Zeit, die darauffolgenden kann man nicht mehr als Dimensionen bezeichnen, sondern viel mehr als Schöpferebenen. Das heißt, es gibt nicht mehr die Form und auch nicht mehr die Art, wie wir dann leben. Durch das Transformieren und das bewusste Schöpfersein werden wir in der Zeitschiene hin- und hergehen können oder werden auf dem Spielplaneten Erde bewusste Signale setzen, um bei manchen Dingen dabei oder nicht dabei zu sein. Wir entwickeln uns immer weiter in diese Richtung. Dies ist eine Entwicklung, die in den kommenden Jahren verstärkt sichtbar wird. Physiker befassen sich schon seit längerem mit der Berechnung von weiteren Dimensionen, auch wenn sie in unserem Leben noch nicht vorstellbar sind.

Diese Dimensionen unterscheiden sich mittels Bewusstsein. Welches Bewusstsein vorhanden ist, wie viel Schöpfer darin sind und was die Schöpfer dort realisieren oder nicht realisieren. In der dritten Dimension gab es wenig Schöpfer und die Masse der Menschen hatte noch wenig Bewusstsein. Man könnte auch sagen, sie schliefen. Jetzt sind wir in einer Dimension, in der ganz viele Schöpfer aktiv sind und die Schöpfer bereits steuern, dass es die nächste Dimension gibt, in der alle nur noch aktive Schöpfer sind. Denn es ist im Grunde langweilig, immer andere Schöpfer, die noch schlafen, mitzuziehen. Der Spaßfaktor beginnt, wenn alle Schöpfer wach sind und viele neue Dinge gemeinsam erschaffen werden.

Wie entwickelt sich die Gesundheit ab 2012?
Die Menschen werden ihren Körper physisch stärker wahrnehmen, weil er sich in Richtung Gesundheit umbaut. Diejenigen, die den Schritt in die Gesundung nicht mehr machen werden, geben ihren Körper auf. Andere, die ihren jetzigen Körper in der Form nicht mehr aufbauen wollen, entscheiden auf der schöpferischen Ebene, ihren Körper abzulegen und einen neuen Körper in einem neuen Leben aufzubauen. Dieser Vorgang kann durch Unglücke, Unfälle, Massenunglücke und vieles andere geschehen. Manche Menschen verabreden sich dazu, um sich gemeinsam von ihrem derzeitigen Körper zu verabschieden. Für die Gesundheit bedeutet das, dass wir bewusster mit uns und unserem Körper umgehen. Von der Schöpferebene aus gesehen schauen wir, was in diesem Prozess Heilung für uns ist, um dann dort die Heilung zu initiieren. Wir transformieren uns selbst immer mehr.

Einige Menschen wünschen sich Propheten und Prophezeiungen.
Prognosen oder Prophezeiungen, die in dieser Zeit auf der Welt (und vor allem im Internet) veröffentlicht werden, sprechen zeitweilig Themen an, die sich Menschen auf der physischen Ebene wünschen, weil sie sich selbst nicht in die neue Ebene begeben möchten oder unsicher sind. Je mehr wir uns in das Neue mit sei-

nen vielen Möglichkeiten und Veränderungen hineinbegeben und uns mehr Möglichkeiten offen stehen, um so mehr Leute wollen irgend etwas Festes und Beständiges als Sicherheit wiederhaben. In dieser Zeit aber sind wir selbst unser bester Anker. Gemeinschaften, Familien und Partnerschaften können ebenfalls ein Anker sein, da man sich so gegenseitig leichter stabilisieren und schneller austauschen kann.

Die Menschen, die Hiobsbotschaften und dunkle Prophezeiungen unter die Menschen bringen, wollen dies aus ihrer Freude und Verliebtheit daran, das System endlich kollabieren zu lassen. Sie suchen so etwas wie ein Kriegsspiel, damit sie später sagen können: „Ich habe Recht gehabt, es war wie ein Untergang." Die Menschen, die diese Macht besitzen sind jedoch nicht mehr stark und finden auch nicht mehr viele Anhänger. Dennoch haben sie kleine Schauplätze und spielen damit. Dieses Verhalten wird jedoch nicht auf die Mehrheit der Menschen überspringen.

Es werden auch weiterhin Ungereimtheiten, Vertuschungen und Schieflagen in Wirtschaft, Politik und Finanzmärkten als auch in Familien und Beziehungen aufgedeckt werden. Auch wird es zu stärkeren Wellen von Unsicherheit und Aufruhr kommen, aber nur in der Hinsicht, dass es im Ruhigen wieder ausgeht und sich wieder etwas verändert hat. Die Menschen werden nicht unter Schock gesetzt, sondern es wird immer so sein, dass sie, was auch geschieht, es verkraften können. Dabei wandelt sich gleichzeitig das Bewusstsein für die Menschen und die Erde mit ihren Belangen.

Die Kontinente wird es alle weiterhin geben. Aber die Anzahl der Menschen wird sich verändern. Das heißt, einige Menschen werden die Schritte der Veränderungen auf der geistigen als auch der physischen Ebene mitgehen, andere werden dies nicht tun und den Körper verlassen. Denn die Veränderungen, die stattfinden, erfordern auch einen schöpferischen Schritt, der zum Teil leicht und manchmal nicht so leicht ist und vor allem: Man muss ihn gehen wollen. Diejenigen, die sich entscheiden, diese Veränderungen nicht mitzuerleben, werden dann zusammengehen, indem sie sich auf neue andere Signalebenen begeben. Es kann sein, dass sie auf eine alte oder auf neue Ebenen gehen, da sie etwas anderes, als das was sich hier auf der Erde entwickelt, machen möchten. Dies geschieht im Einvernehmen mit den Menschen und der Erde. Das ist so etwas wie eine Vereinbarung. Diejenigen, die noch etwas erledigen wollen, was für sie wichtig ist, erledigen das und verlassen uns. Dabei gibt es auch einige Schöpfer, die hier auf der Erde die Veränderung mitmachen, aber zuerst noch bei jenen bleiben, die gehen wollen. Sie möchten ihnen helfen, doch noch ein erweitertes Bewusstsein zu erfahren. Nach kurzer Zeit werden sie wieder zurückkommen, um hier weiter zu wirken. Diese Schöpfer machen das, weil sie Freude daran haben, dass mehr Schöpfer wach und aktiv sind. Deshalb ist es schön, dass noch mehr Menschen erkennen, dass sie Schöpfer sind!

Wir erfreuen uns der zunehmenden Geschwindigkeit mit all ihren Anforderungen an Körper und Geist, Beziehungen und Unternehmungen, die uns darauf hinweisen, auch neue Wege zu gehen und unser Bewusstsein für Neues zu öffnen.

Wie gestaltet sich der Übergang in die neue Zeit?
Im November 2012 wurde die von uns beschriebene Verbindung von Sonne und Erde vollendet. Es ist eine Einheitsenergie geworden und der Unterschied zwischen Sonne und Erde ist energetisch nicht mehr feststellbar. Wir können das nur wahrnehmen, wenn

wir die Aspekte beider – der Erde und der Sonne – betrachten. Es ist ein Schöpfersystem entstanden, dass sich durch diese Vereinigung sichtbar macht. Das heißt, es gibt nicht mehr zwei Bewusstseinsebenen, sondern es ist zu einer Ebene verschmolzen.

Früher haben viele Menschen die Sonne angebetet. Jetzt tun sie das nicht mehr, sondern sie beten die Erde, andere Wesen oder sich selbst an. Das heißt, entweder sie beten sich selbst oder das ganze Schöpfersystem Sonne und Erde insgesamt an. Aspekte der Sonne sind von nun an auf der Erde und Aspekte der Erde als Information auch auf der Sonne zu finden. Die Energieebene, die sich dabei aufgebaut hat, ist eine Ebene, in der alles Wissen und die Energieschwingungen dieser beiden enthalten sind. Noch vor gar nicht so langer Zeit war alles in verschiedenen Ebenen aufgespalten. Jetzt sind diese Ebenen der Erde und Sonne zu einer Ebene vereint.

Um in Informationswelten hineinzukommen und diese zu lesen und zu nutzen, musste man früher durch verschiedene Ebenen durchgehen und verschiedene Bewusstseinszustände hervorrufen. Heute gehen wir in diese eine Ebene und haben alle Informationen. Es gibt keinen Widerstand mehr. Wenn wir jetzt eine Frage haben, erhalten wir alle Antworten, die zu dieser Frage in dieser Vereinigung vorhanden sind.

Wir können erste Signale und Informationen auslesen. Zum Beispiel über die Verbindungen, was geschehen ist und welches Signal sozusagen als Leseübung gerade für uns da ist. Oder auch welche Informationen am Anfang wichtig sind. Es steht unter anderem viel darin, wie das Bewusstsein der beiden zusammenkommt und wie wir in diese Ebene vordringen können. Das machen wir dadurch, dass wir selbst erst mal das Bewusstsein haben, dass wir ein Schöpfer sind und uns bewusst sind, dass wir nicht kleiner sind, als die Sonne und die Erde zusammen, sondern auf gleicher Energieebene. Wenn wir dieses Bewusstsein für uns haben, dann befinden wir uns in der Bewusstseinsebene von Erde und Sonne und alle Informationen sind offen zugänglich.

Weitere Informationen, von und über die Sonne, sind zu diesem Zeitpunkt noch nicht freigegeben. Die Sonne und Erde haben vorgesehen, dass ab 2013 weitere Informationen einzusehen sind. Sie werden erst später für uns freigestellt.

Physisch gesehen wachsen unsere Synapsen in dieser Zeit in einem Ausmaße an, dass wir immer wieder weitere und unterschiedliche Informationen freischalten und aufnehmen können. Denn es sind unendliche Massen von Informationen. Es ist wie ein weiteres Update. Daher fühlen wir uns auch manchmal verwirrt, vergessen Dinge. Bisher hatten wir ja meist nur die Informationen der Erde und auch nur das entsprechende Bewusstsein. Jetzt haben wir die Information Erde und Sonne in einem, sodass unser Gehirn ganz anders gefordert ist.

Warum ist es gerade die Erde und nicht ein anderer Planet, mit dem sich die Sonne verbunden hat?

Es ist Erde und Sonne und nicht die Galaxie oder ein anderer Planet, die sich verbunden haben, da die Erde und die Sonne wie Dualseelen sind. Aus einer Seele haben sich zwei Seelen und Schöpfer gebildet. Diese sind jetzt in einer Ebene, in ein Schöpfersystem, wieder zu einer Seele vereint. Sie waren zwei nebeneinander existierende Schöpfersignale. Es war ein Schöpfer, welcher sich gespalten hat und sich jetzt wieder zu einem Schöpfersystem verbindet. Dies ist ein enormer Schöpferprozess, der auch im Kosmos sichtbar ist, denn ganz viele andere Schöpfersysteme werden sich einklinken.

Das heißt, andere Schöpfersysteme, die so etwas ebenfalls schon gemacht haben, verbinden sich mit dem neu entstandenen System, wodurch ein ganz neues Netzwerk des Wissens entsteht. Dieses Wissen wird Lebensformen und Lebensarten von Schöpfern verändern. Dies alles ist durch die Schöpfer selbst entstanden, weil sie neue Erfahrungen machen wollten. Es ist keine Idee, sondern eine Weiterentwicklung eines Spiels. Dadurch, dass sie sich miteinander verbinden, beginnt ein neues Spiel. Das ist die Bewusstseinserweiterung, die wir hier auf der Erde erfahren. Wenn sich jetzt die anderen Schöpfer dazuschalten, die so etwas wie die Vereinigung der Sonne und der Erde schon erlebt haben, dann ist es so, dass diejenigen Schöpfer, die bewusst leben, auf jedem dieser Planeten erscheinen oder nicht erscheinen können. Das heißt, wir können überall auf diesen Planeten sein und uns auch physisch darstellen.

Es kann automatisch passieren, dass wir da sind. Durch die neue Schöpferenergie, die wir haben, werden solche Möglichkeiten begünstigt. In der neuen gemeinsamen Ebene der Sonne und der Erde, in der alle Informationen enthalten sind, ist auch die Information der Verlinkungen enthalten. Wir müssen uns einfach nur noch auf den Link setzen und dann sind wir schon auf einem anderen Planeten. Das hört sich jetzt vermutlich seltsam oder fremd an, aber auf geistiger Ebene haben Menschen diese Erfahrung bereits gemacht. Die Vorstufen dazu sind Lernphasen, in welchen wir noch Materie hier auf der Erde als Hilfsmittel zur Verlinkung nutzen. Im erweiterten Schöpferbewusstsein brauchen wir diese Verlinkungen nicht mehr, sondern können einfach nur noch sein. Wenn ich irgendwo sein möchte, bin ich das Kraft meines Bewusstseins dann auch.

Wenn wir uns mit dem Schöpfer der jeweiligen Planeten verbinden, werden sich weitere Ebenen öffnen, mehr als wir jetzt zum Teil sehen und erahnen können. So geschieht es auch gerade auf unserem Planeten. Hier gibt es noch andere Wesen, die bis jetzt nicht für jeden sichtbar sind, aber dennoch existieren.

VIII. Energetische Entwicklungen des Raum-Zeit-Phänomens ab 2013

Die vollendete Vereinigung der Ebenen von Sonne und Erde führen Anfang des Jahres 2013 zu weiteren energetischen Veränderungen. Die aus dieser Vereinigung hervorgegangene neue Bewusstseins- bzw. Energieebene ist vollständig. Aus der Sicht des Bewusstseins für Energien, wird diese Energieebene unsere, auf der Erde bisher gelebte und wahrgenommene, Raum- und Zeitebene verändern. Die Zeit ist nicht mehr an einen Raum und der Raum nicht mehr an eine Zeit gebunden.

Das heißt, wenn wir uns jetzt in einem Raum befinden, läuft die Zeit mit. Wir schauen im Raum auf die Uhr, sehen wie die Zeit vergeht und wissen daraufhin, wie spät es ist. Wenn Raum und Zeit sich trennen, befinden wir uns entweder in einem Raum, in dem es keine Zeit gibt, oder auf einer Zeitschiene mit Zeit ohne Raum. Bringen wir beides zusammen, sind wir wieder zu einer Zeit in einem Raum. Ein Uhrenhersteller wird dadurch noch mal eine ganz neue Bedeutung bekommen, weil er auf einem Zifferblatt eine Uhrzeit und einen Raum darstellen könnte.

Jeder von uns hat die „Zeit", die er für eine Tätigkeit, einen Besuch oder etwas anderes gebraucht hat, schon einmal unterschiedlich wahrgenommen. Manchmal tun wir etwas und haben nach einer Weile das Gefühl, die Zeit ist wie im Flug und viel zu schnell vergangen. Wir sind mit unserem Vorhaben, innerhalb des von uns gesteckten Zeitrahmens, nicht fertig geworden. Ein anderes Mal erleben wir etwas oder sind ganz in eine Arbeit versunken. Wenn wir dann nach einer Weile auf die Uhr schauen, sind wir überrascht, wie wenig Zeit dabei vergangen ist. Wir haben wenig Zeit gebraucht und jetzt noch viel Zeit, bis zum nächsten Termin oder Vorhaben, für andere Dinge übrig.

Der Raum erhält eine erweiterte Bedeutung. Bis jetzt ist ein Aufenthalt in einem Raum für uns immer mit Zeit verbunden gewesen. Wir haben unsere Zeit in einem Raum schlafend, essend, arbeitend, redend, träumend und so weiter verbracht. In der neuen energetischen Entwicklung ist der Raum zeitlos und eine feste Ebene, die sich in der Zeit nicht bewegt. Wir begeben uns in einen Raum und machen dort Dinge oder lassen Dinge ohne Zeit entstehen.

Versuchen Sie es ruhig einmal: Lehnen Sie sich für einen Moment zurück und stellen Sie sich vor, Sie befinden sich in einem Raum ohne Zeit. Wie fühlt sich das an?

Das fühlt sich so an, als ob wir in einem Raum sitzen, etwas tun und die Zeit stehen bleibt, aber wir in unserem Tun weiter machen. Auf der Zeitschiene passiert nichts. Wir tun etwas, ohne dass es vergehende Zeit gibt. Wir können uns in einem Raum aufhalten, aber auf der Zeitschiene ist keine Sekunde vergangen. Das eröffnet neue Möglichkeiten.

Für uns ist das momentan noch unvorstellbar, jedoch war es für die Menschen vor fünfhundert Jahren ebenfalls unvorstellbar, in neun Stunden von Berlin nach New York zu fliegen. Was vorher Monate dauerte, das erledigen wir heute an einem Tag. Auch eine zeitlich sehr starke Verschiebung – quasi ein Zeitsprung. Leonardo da Vinci hatte damals zwar schon Flugzeuge und auch die ersten Ansätze eines Helikopters gezeichnet, aber nicht viele Menschen konnten sich die sich daraus eröffnenden Möglichkeiten mit allen Konsequenzen vorstellen. Er war seiner Zeit weit voraus. So kann auch unser Verstand vielleicht einigen der hier aufgeführten Schilderungen über Raum, Zeit und Materie nicht gleich folgen, aber das Verständnis und das Bewusstsein dafür wachsen gerade.

Denn das Verbringen oder Sein in einem zeitlosen Raum ohne zeitliche Veränderung führen wir mithilfe unseres Bewusstseins herbei. Wir benutzen keine kombinierten und veränderten Materialien, damit wir in diesem Raum mit oder ohne Zeit sind, sondern wir nutzen die Möglichkeit der Veränderung der Materie und des Raumes durch unser Bewusstsein. Was uns ja manchmal unbewusst, wie oben beschrieben, schon passiert ist, ohne dass wir bis jetzt wussten, wie das funktionierte. Wenn wir uns also in einiger Zukunft in einem Raum aufhalten möchten, können wir dort sein, ohne dass es Zeit gibt.

Wozu ist ein solcher zeitloser Raum vonnöten und warum ist er für uns wichtig? Der Raum gibt uns die Möglichkeit, dass wir das unendliche Leben erfahren und wir uns durch diese Erfahrung als Schöpfer daran gewöhnen, dass wir unsterblich und ewig lebend sind. Durch unsere Erfahrung des ewigen Lebens erkennen wir, dass wir nicht mehr an Zeit gebunden sind, weil wir ja für uns die Unendlichkeit haben und in dieser Unendlichkeit viel mehr als je zuvor tun können. Durch diese weitreichende innere Erkenntnis verändern wir unsere Art des Spielens auf der Erde.

Die Gesetzmäßigkeiten von Raum und Zeit beginnen, sich zu ändern. Es gibt keinen Zeitdruck oder Terminstress mehr. Dinge, also beispielsweise materielle Gegenstände und Pflanzen, können sich frei von Zeit entfalten und wir frei von Zeit aus der Materie etwas entstehen lassen. Eine Pflanze wächst nicht, sondern sie gibt durch ihr Bewusstsein die Größe selbst vor und ist sofort da. Ein Text entsteht nicht, sondern ist sofort verfügbar. Das heißt, dass alles, was in dem Raum ohne Zeit entsteht, in dem Augenblick geschieht und existiert. Wir verlieren keine Zeit und müssen es nicht mehr auf der Zeitschiene festlegen: Ich brauche keine Zeit mehr für die Entstehung einzuberechnen, weil es sich umgehend transformiert.

Das „Spielen" (was wir hier auf der Erde machen und wie wir Dinge erzeugen können) erhält ein ganz neues Bewusstsein. Wir denken nicht mehr über Zeit nach, wie: „Ich muss das bis dahin schaffen!", sondern wir sind im Raum, machen etwas und es entsteht im Raum ohne Zeit sofort. Wir haben folglich alle Zeit der Welt. Andere Menschen können dieselben Räume mit uns nutzen. Sie gehen hinein, sind dann da und wir können etwas gemeinsames mit ihnen erschaffen. Aber für alle, die sich in dem Raum befinden, gibt es keine Zeitgebundenheit oder eine zeitliche Vorgabe mehr: Der Zeitdruck fällt weg.

Wir ändern unser Bewusstsein in ein Bewusstsein ohne die physikalische Wirkung von Zeit, die bisher auf der Erde Gesetz war. Die Gesetze der Zeit verlieren in dem Raum ihre Wirkung und wir nehmen sie auch nicht mehr so wahr. Wir entfernen uns allmählich von dieser Zeitgebundenheit, da wir nicht mehr an einen Ort und die Zeit gebunden sind. Obwohl wir beginnen, uns in Raum und Zeit anders zu bewegen, sind wir auf dieser Erde weiterhin auch mit der Zeit lebensfähig, weil wir immer den physischen Aspekt haben, mit dem wir uns hier einklinken.

In der ersten Zeit wird es noch ungewohnt sein, wenn wir aus der Zeit zum Zeitpunkt neun Uhr in einen Raum hineingehen, dort eine Weile verbracht haben und zur gleichen Zeit, wie wir hinein-gegangen sind – also um neun Uhr – wieder aus dem Raum her-auskommen. Das kann verwirrend sein, weil wir für eine kurze Zeit vielleicht nicht mehr wissen, wo wir, bevor wir die Zeitschiene verlassen haben, jetzt genau waren.

Das Jahr 2013 gibt uns die Basis mit den Raum- und Zeitebenen zu spielen. Wir sollen ein Gefühl für die Möglichkeiten in beiden Räumen (mit und ohne Zeit) erhalten und lernen, uns von der Zeit mit ihrer Geschwindigkeit zu entkoppeln. Dann beginnen wir Räume zu erzeugen, welche wir dehnen oder nicht dehnen kön-nen. Wir selbst springen in der Zeit hin und her, wodurch wir nach und nach ein anderes Zeitempfinden bekommen werden. Bis Ende 2013 kann es sein, dass wir die Erfahrung machen, in der Zeit zu springen. Das heißt, dass es eigentlich unwichtig ist, wie schnell die Zeit vergeht, wir springen in der Zeit vor oder zurück und geben ab und zu ein Signal auf der Zeitschiene. Es kann auch sein, dass wir die Zeitschiene gar nicht mehr nutzen. Wir sind die Schöpfer unserer Zeit und bestimmen, wie wir mit der irdischen Zeit und den uns zur Verfügung stehenden und selbst erzeugten Räumen umgehen.

Wir können das Spiel, das wir bisher gespielt haben, aber auch weiterspielen. Wir sehen es dann jedoch aus einem anderen As-pekt heraus. Unser alltägliches Leben wird sich durch die neuen Möglichkeiten, mit der Zeit und dem Raum umzugehen und das Bewusstsein dazu, verändern. Jetzt sind wir noch an die Zeit-schiene gebunden, und so läuft das Leben in einem gewissen uns bekannten Rhythmus ab. Wenn wir später zwei eigenständige Ebenen haben – Raum und Zeit getrennt –, dann wird sich unser typisches Leben und der Rhythmus automatisch nach und nach verändern.

Am Anfang wird das Spiel noch ziemlich ähnlich unserem jetzigen Rhythmus sein. Irgendwann verändert sich das Spiel immer mehr und wir können entscheiden, was wir von dem Raum-Zeit-Geschehen beibehalten oder was wir davon nicht beibehalten wollen. Wir können uns später aussuchen, ob wir uns im Raum, in der Zeit oder noch in beiden aufhalten möchten.

Energetisch betrachtet ist es daher im Jahr 2013 unsere Aufgabe, uns bewusst zu machen, ob wir im Raum oder in der Zeit handeln möchten. Die Geschwindigkeit der Zeit hier auf der Erde wird schneller und wir verändern unser Verhalten in Raum und Zeit, damit wir mit den Veränderungen der Erde mithalten können. Das wirft die Frage auf, wie es dazu kommt, dass sich die Zeit, in der wir leben, beschleunigt?

Unserem Empfinden nach vergeht die Zeit immer schneller – und tatsächlich ist es auch so, dass die Zeit insgesamt viel schneller läuft, als wir es uns vorstellen können. Die Zeit, die die Erde uns als Zeitfaktor gibt, ist eine Abspaltung von der echten Zeitschiene. Es gibt die Zeitschiene der Echtzeit, dies ist die kosmische Zeit, und die Erdzeit ist gleich irdische Zeit. Während auf der Erde eine Millionen Jahre oder mehr vergehen, sind in kosmischer Zeit vielleicht ein bis zwei Sekunden vergangen. Dadurch, dass wir mehr auf die echte Zeitschiene wechseln, empfinden wir diese Zeitverschiebung von Erdzeit auf kosmische Zeit als Beschleunigung der Zeit. Das bedeutet aber nicht, dass sich die Erde physisch schneller bewegt.

Im Folgenden ein Beispiel, wie wir uns auf die Zeit der Erde einlassen und sie wahrnehmen können: Wenn wir die neue Erdzeit wahrnehmen wollen, müssen wir uns auf den Zyklus der Verbindung der Erde und Sonne konzentrieren. Dass heißt, nicht den

Zyklus, den wir von morgens und abends kennen, sondern den Zyklus, den die Sonne und die Erde als ihre Einheitsenergie haben. Wenn wir uns darauf einlassen, nehmen wir vom Bewusstsein beide wahr und erhalten so ein Gefühl, in welcher Zeit oder welcher Bewegung sie sind. Dann können wir, wenn wir möchten, in ihren Raum eintreten.

Die Zeitschiene an sich ist eine Energiequelle und die Erde hat diese Energiequelle aufgenommen, sodass sie uns Menschen Zeiten geben und auch für sich selbst Zyklen einrichten konnte. Dafür hat sie die Zeit auf der Erde millionenfach verlangsamt. Nun beschleunigt sich die Zeit und unser Verstand und Körper, die mit diesem Rhythmus bisher gelebt haben, stellen sich daraufhin um und ein.

In Zukunft nehmen wir die Echtzeitschiene stärker wahr und diese Veränderung wird uns nicht mehr schneller vorkommen, denn wir haben den zeitlosen Raum, in welchen wir hineingehen und uns bewegen können. Wir gehen dann nur kurz in die Zeit und wieder zurück in den Raum. Solange wir uns gleichzeitig in Zeit und Raum befinden, vergeht die Zeit für uns, durch die Anpassung an die kosmische Zeit, wie oben beschrieben, sehr schnell.

Das sich in der Zeit befinden, gibt uns auch ein Gefühl von Geschwindigkeit. Wir fühlen uns, als ob wir durch einen Strom fließen. Wir befinden uns auf einem Informationsstrom, auf dem wir links und rechts „Zeitfenster" sehen. Schauen wir uns diese Fenster an, können wir wahrnehmen, was wir zu dieser Zeit alles gemacht haben.

Die Zeitschiene selbst hat an sich keine Wegweiser. Wir können uns in alle Richtungen bewegen (rechts, links, oben, unten, vor, zurück, diagonal, hin und her). Auf der Erde haben wir uns auf der Zeitschiene bisher nur in zwei Richtungen bewegt. Zukunft oder

Vergangenheit. Zeit gibt es, wie bereits erwähnt nur, damit wir eine Speicherdatenbank haben und wissen, wo wir was abgelegt haben. Das ist wie eine Datenbank, auf der wir Punkte festlegen können. Auf der Erde war Zeit bisher nur in der Form definiert, wie wir sie kennengelernt haben, Vergangenheit, Gegenwart und Zukunft.

Die Zeit ist daher die Ebene, auf der wir alle Informationen für uns abgespeichert haben. Wir können uns das wie ein Wissensfeld, einen Kalender, wie einen Film oder einen Datenstrom vorstellen. Die Zeiten, die darauf festgelegt sind, sind Speicherungspunkte, damit wir wiedererkennen, wo wir etwas von uns gespeichert haben. Nachdem wir unsere Information aus dem Raum auf der Zeitebene speichern, können wir uns wieder in unseren Raum begeben und neue Dinge erschaffen.

Ein Beispiel für die Planung im Raum, wobei sich der Raum in die Zeit schiebt: Wenn wir etwas planen, schauen wir, ob wir es im Raum planen oder in der Zeitebene. Normalerweise planen wir einen Urlaub auf der Zeitebene. Wir überlegen, wann wir wo hinfahren wollen und können. Wenn wir uns aber entscheiden, auf der Raumebene zu planen und uns für einen Ort entscheiden, passiert es, dass wir dort sind, sobald wir vom Bewusstsein das Signal wahrgenommen und realisiert haben. Wir werden dann zwar immer noch dorthin „reisen", aber es geschieht schneller als wir denken. Anders ausgedrückt, es wird sich alles um uns herum so fügen, dass wir an dem Ferienort sind, an dem wir sein wollten, wenn wir vom Bewusstsein klar sind. Sobald wir unseren Wunsch im Raum konstruiert haben und es auf der Zeitebene speichern, wird der Raum auf diese Zeitebene gesetzt. Der Raum schiebt sich in die Zeit.

Vielleicht ist Ihnen so etwas ja schon mal in Ihrem Leben begegnet. Alles fügte sich plötzlich, wie aus Geisterhand von null auf gleich, so wie Sie es sich wünschten. Die Klarheit Ihres Bewusstseins hat die Information aus dem Raum in die Zeit gebracht.

Wir benötigen Zeit später nur noch als Punkt und zur Erinnerung (als Datenbankstruktur) oder um uns mit anderen Menschen zu treffen. Wir befinden uns dann nicht mehr auf der Zeitschiene, sondern erschaffen und tun etwas in einem Raum. Es entstehen zeitlose Räume, in welchen wir uns aufhalten und eine beschleunigte Zeitschiene, auf der wir uns treffen oder Informationen speichern.

Sicherlich fragen Sie sich jetzt, wie wir uns dann verabreden können. Wir werden in der neuen Ebene mit der neuen „Raumzeit" anders umgehen, denn wir nutzen die erweiterten Bewusstseinsebenen. Wir lernen durch unser Bewusstsein und die Entfaltung unserer Fähigkeiten, auf anderen Wegen miteinander zu kommunizieren – wie wir es in dem Kapitel zur Entwicklung der Erde beschrieben haben. Wenn einer an den anderen denkt, dann setzen wir gemeinsam einen Punkt. Es kann auch sein, dass ein Schöpfer einen Punkt vorgibt und wir uns dann alle dort treffen. Wir geben vor, ob wir uns in einem Raum oder in der Zeit verabreden.

Bewegen wir uns in der Zeit, können sich Felder der Menschen überschneiden. Nutzen wir die Zeit nicht, gibt es den eigenen Raum. Wobei auch Räume übereinander sein und sich miteinander im Raumgefüge verbinden können. Wir können zur gleichen Zeit im gleichen Raum mit anderen sein. Zeit ist, wie erwähnt, nur dafür da, damit wir uns alle sehen. Wir können jedoch in einem gemeinsamen Raum auch die Ebene wechseln und sind in diesem Raum für andere dann nicht mehr sichtbar. Wir entscheiden, wann und wo wir sein wollen. Es ist Ihnen sicherlich auch schon so gegangen, dass einige Personen Sie, obwohl sie mit Ihnen in einem Raum waren, nicht wahrgenommen haben und sich auch nicht daran erinnern können, dass Sie zur gleichen Zeit am gleichen Ort waren. Oder es kann auch sein, dass wieder jemand einen Raum entworfen hat und wir wissen wollen, was derjenige in dem Raum macht. Wir überlegen uns, ob wir mitmachen oder nicht. Dann lässt derjenige, der den Raum eröffnet hat, einen hinein in seinen Raum oder auch nicht – nicht jeder Schöpfer lässt einen anderen Schöpfer in seinen Raum.

Die Erkenntnis dieser Zeit wird folglich sein, dass wir genau definieren, was wir wann und wo tun wollen und natürlich, welche Information dabei wirklich wichtig für uns ist.

Wollen wir in der Raum-Zeit-Ebene, die uns vertraut ist, bleiben oder spielen wir mit der neuen Ebene von Sonne und Erde, die es uns ermöglicht alle Informationen ohne Zeitverzögerung zu erhalten und uns in neuen Räumen ohne Zeit aufzuhalten?

Der Prozess der Auflösung wird einige Zeit andauern. Sobald wir uns in dieser neuen Ebene zurechtfinden, wird sich das Raum-Zeitverhältnis ganz auflösen. Bis dahin können noch einige Jahre vergehen. Dann haben wir einen Raum und eine Zeitschiene. Die neue Energie ist überall und hat keinen festen Punkt und wir werden vom Bewusstsein her immer dort sein, wo wir uns als Schöpfer wahrnehmen. Das heißt, dadurch, dass sich der Schöpfer Sonne-Erde jetzt mit vielen Schöpfern verbindet, gibt es ein großes gesamtes Energiefeld. In diesem Energiefeld befinden wir uns nur so lange irgendwo, wie wir das möchten. Wir machen uns bewusst, dass wir jetzt nicht sichtbar sind oder sichtbar sind und mit unserer Sichtbarkeit etwas bewirken möchten. Er ist überall und nirgendwo. Wenn ich mir als Schöpfer vornehme, mich nicht mehr wahrzunehmen, dann schwimme ich hier in dem Energiefeld herum. Wenn ich Lust habe, mich wahrzunehmen, dann erscheine ich irgendwo. Dadurch, dass viele Schöpfer Freude am Spielen haben, werden sich diese Schöpfer überall verbinden und ganz viele Spiele spielen. Wodurch sie dann in diesem Fluss immer wieder einen Raum oder eine Zeitwelle, ein Signal auf der Zeitschiene, erzeugen, in der sie erscheinen und etwas bewirken.

In der kommenden Zeit lernen wir also, uns in der Raum- oder Zeitebene zu bewegen und später mehr und mehr diese neue Bewusstseinsebene zu nutzen, sodass das, was wir kreieren, jetzt, hier und sofort geschehen kann.

Eine weitere Besonderheit, warum wir uns bewusst machen sollten, ob wir im Raum oder in der Zeit handeln wollen, ist die Tatsache, dass das, was wir in einem Raum erschaffen, zu einer großen Kraft wird. Die in einem Raum von Schöpfern aufgebaute Kraft hat viele energetische Grundstrukturen, die noch mehr in die kosmische Materie eingreifen als zuvor und die kosmische Energie unserer, in dem Raum erschaffenen Dinge, verbreiten. Die Verbreitung dieser kosmischen Energien benötigen wir, um überall als Schöpfer, mit den uns zur Verfügung stehenden Fähigkeiten, das zu tun, was uns Spaß macht. Durch die Verbreitung kosmischer Energien, öffnen sich weitere Räume, welche sich, in den meisten Fällen, nachdem wir etwas konstruiert haben, wieder schließen. Das Erschaffene verbreitet sich jedoch wieder kosmisch und wird für andere sichtbar. Neue Entwicklungen können entstehen, ohne dafür Zeit zu benötigen.

Hinzu bekommen wir durch die neue Energieebene der Sonne-Erde auch neue Informationen von der Außenwelt und den Schöpfern, die sich auf der neuen Ebene befinden und bereits damit spielen können. Sie sind in der Lage, Informationen über unser Erdenleben, für die weitere Entwicklung, einzuspeisen und umzuschreiben. So wird es zum Beispiel, das Arbeiten, wie wir es jetzt noch kennen, dann nicht mehr geben. Es wird eine neue Information, wie Arbeit dann sein wird, darüber geschrieben, wie ein Update. Auch hier können wir das Computermodel, um dieses Bild greifbarer zu machen, heranziehen. Es wird ein neues Programm geschrieben und über das alte gelegt, sodass die alten Funktionen nur noch als Erinnerung oder Daten existieren, aber keine Gültigkeit mehr haben.

Momentan trainieren wir Menschen zum Beispiel die physischen Ebenen, wie Schwerkraft auf der Zeitschiene. Das Besondere an dieser Zeit ist der Übergang von den bisher vorherrschenden Gesetzmäßigkeiten (alten Programmen), des Gebundenseins an beispielsweise Raum, Zeit und Schwerkraft hier auf der Erde, zu einer neuen Zeit mit neuen Gesetzmäßigkeiten (neue Programme). Deswegen sind wir ja hier. Weil wir beide Spielebenen gleichzeitig (alt und neu) spielen können. Wir machen diesen Wandel bewusst mit. Aus diesem Grund sind so viele Schöpfer auf die Erde gekommen und gibt es so viele „Menschen" auf ihr.

Die Informationen über die Veränderungen in der Zeit werden nicht direkt überspielt, aber sie werden hinzugefügt oder obenauf gelegt und eine veränderte neue Information ist da. Wie bei alten und erweiterten, veränderten und aktualisierten Computerprogrammen. Im Endeffekt verändern sich nur ein paar Faktoren, damit das, was bereits da ist, noch klarer ist und mehr ermöglicht. Viele alte Informationen verlieren dann ihre Bedeutung. Sie werden überschrieben, weil sie durch das Nicht-gebraucht-Sein nicht mehr existieren. Informationen werden folglich weggelassen, umgeschrieben oder ergänzt.

Die Welt, wie wir sie jetzt kennen, wird anders aufgebaut sein, denn unsere Welt ist eine Welt der Illusion. Zum Teil ist unsere Welt jetzt schon anders, aber später wird sichtbar, dass es eine Illusionswelt war. Das heißt, dass alles, was auf der Erde ist, einem Spaßfaktor entspringt, und wenn einer meint, er muss morgens ins

Büro laufen, wird er diese Szene fabrizieren, um ins Büro zu laufen – in Wirklichkeit existiert diese Szene jedoch nicht mehr.

Unser Bewusstsein ist momentan noch nicht so weit ausgereift, dass wir unser Wirken in den Räumen als Freude leben und erkennen. Aber in einiger Zeit werden wir wahrnehmen, dass wir in den Räumen und dieser einen Ebene ganz andere Spiele spielen werden, die viel spannender als die bisherigen Spiele sind. Alle neuen Spiele können wir jetzt noch nicht genau definieren.

Auch kann es sein, dass ein neuer Raum als Parallelwelt entsteht und wir uns dort aufhalten möchten. Unser Bewusstsein können wir dann auf jeden Fall nicht mehr abschalten – ein Schöpfer weiß, wo er ist und dass er spielt. Die Erde bietet uns Schöpfern ab 2013 mehrere Parallelwelten an. In diesen können wir uns ausprobieren und spielen, sodass wir in verschiedenen Welten die gleichen Dinge machen, aber in jeder Welt zu unterschiedlichen Ergebnissen kommen können. Dadurch lernen wir das Spielen auf neuen Ebenen und lernen gleichzeitig, dass wir als Schöpfer das Ergebnis festlegen, und nicht das Spiel das Ergebnis bestimmt.

Um sich bei Reisen in den Welten und Räumen gut zurechtzufinden, ist es wichtig, geerdet zu sein. Die Erde ist ab 2013 als System, an welchem wir uns festhalten oder erden können, nicht mehr vorhanden. Wir sind angehalten, uns durch uns selbst und mit uns selbst zu erden. Wir Schöpfer sind unsere eigene Erdung. Wir rufen die Erdung durch uns selbst hervor und können sie fühlen, wenn wir uns als Schöpfer wahrnehmen. Geerdet heißt, dass wir einen Standpunkt für uns haben. Egal, wo wir sind, wir haben einen Standpunkt. Standpunkt heißt, dass man sich irgendwo zusammen als Punkt hat, dass ist dann die Erdung.

Als Übung kann jeder das Folgende machen: Erdung erfahren wir über ein Gefühl in uns. Wenn wir uns fühlen, können wir uns immer erst selbst wahrnehmen und schauen, ob der Raum, in dem wir uns befinden, in unserer Wahrnehmung, nachdem wir uns fühlen, noch existiert oder auch nicht. Wir nehmen die Wirklichkeit wahr und sind geerdet. Wenn wir mit anderen zusammentreffen, nehmen wir zuerst uns selbst bewusst wahr. Wenn wir uns ganz wahrnehmen, beginnen wir die anderen Anwesenden wahrzunehmen und bemerken, dass wir sie wahrnehmen, jedoch anders als gewohnt. Bleiben wir in der Wahrnehmung von uns selbst, nehmen wir den ganzen Ort mit den Anwesenden, der uns umgibt, anders wahr. Dann gehen wir weiter in die Wirklichkeit und nehmen die Wirklichkeit von außen wahr, wodurch sich daraufhin unsere gesamte Wahrnehmung ändert. Wir nehmen uns ganz wahr und sind geerdet.

Wir selbst sind unsere Wurzel, an der wir festhalten. Die Prozesse, die uns die Jahre bis dahin begleitet haben, von den Themen „Inneres Kind", „Eigenliebe" oder „das Herz für sich zu öffnen" sind im Grunde Vorbereitungen für unser Selbst-bewusst-Werden.

Zur Zeit gibt uns die Erde noch diesen Punkt. Wenn die Erde ihre Anziehungskraft nicht hätte, würden wir auf ihr nicht laufen können und damit wir das können, gibt sie uns genau diese Energie. Aber diese Energie ändert sich gerade in der Art, dass wir nicht mehr den Punkt als Erdung hier auf der Erde haben, sondern wir selbst der Punkt sind. Wir nehmen diesen Punkt über uns wahr, egal an welchem Ort wir uns befinden. Nur noch wir selbst haben die Bedeutung des Punktes und nicht der Ort oder die Zeit oder der Raum.

Für alles, was wir in Zeit und Raum tun, übernehmen wir daher auch die Verantwortung, für uns selbst und auch für unser Umfeld. Wenn Schöpfer auf die Erde kommen oder sich treffen, tragen sie im weitesten Sinne untereinander und zusammen die Verantwortung. Wenn wir Verantwortung für uns übernehmen, ist das letztlich auch die totale Freiheit.

Verantwortung ist, wenn das, was wir von unserem Bewusstsein her erzeugen, ganz klar ist und wir darauf achten, dass das, was wir dadurch erschaffen, aus der Schöpferebene kommt. Wenn wir zusammen auf einer schöpferischen Ebene sind, in der alle Schöpfer eine Verantwortung haben, dann haben wir auch als Einzelne die Verantwortung, weil wir ein Teil davon sind und somit auch die vollkommene Verantwortung für das Ganze tragen.

Besonders jetzt ist Verantwortung für uns wichtig, da wir erkennen, dass alles eine Illusion ist und wir uns in dem Prozess befinden, in welchem wir herausfinden, was für uns wichtig ist. Und wenn wir das herausgefunden haben, was tatsächlich wichtig ist, entwickeln wir eine neue Wertigkeit oder schreiben eine neue Geschichte. So etwas gab es bisher in der Geschichte noch nicht. Das ist das Neue, dass es diesen neuen Strom ohne Zeit gibt. Der US-amerikanische Film „Matrix" von 1999 ist an den beschriebenen neuen Entwicklungen, mit den unterschiedlichen Räumen im Zeitgeschehen, schon sehr nah dran. Nur die Maschinen wird es in unserem Fall nicht geben.

Mehr und mehr spüren wir heraus, was Wirklichkeit und was Illusion ist. Dadurch, dass wir uns selbst und unsere eigene Persönlichkeit klarer spüren und leben, merken wir, was wirklich Bedeutung für uns hat und was für uns real ist. Alles, was nicht real ist, wird sich auflösen. Die Erde hat diesen Schritt bereits 2012 vollendet, indem sie selbst zum Schöpfer geworden ist und uns nun zeigt, wie sie Dinge entstehen lässt.

Die Anfänge dieser Bewegungen in Raum oder Zeit werden von uns in 2013 gemacht. Es beginnt sanft und wir üben uns in dem Wechsel von Zeit und Raum. Es kann sein, dass wir uns verabreden und uns vielleicht nicht treffen, da der eine in der Raum- und der andere in der Zeitebene unterwegs ist. Das ändert sich mit jeder gewonnen, neuen Erfahrung. Für uns wird die Zeit noch schneller vorbeigehen, es sei denn, wir lernen, uns auf der Raumebene einzufinden.

Um die Möglichkeiten des Raumes zu erforschen, ist es für uns Menschen hilfreich, uns nicht so sehr auf die Zeit zu fokussieren, sondern uns öfter im Raum aufzuhalten und uns mit Räumen zu beschäftigen. Wir können dies einerseits tun, indem wir den physischen Raum, in welchem wir sitzen, wahrnehmen und uns so lange auf den Raum einlassen, bis die Zeit keine Bedeutung mehr bekommt. Es ist keine Meditation, da man in einer Meditation oft abtaucht. Bei dieser Wahrnehmung sind wir ganz bewusst in dem Raum. So wie es einige Autoren in der Form des Hier-und-jetzt-Seins bereits beschrieben haben. Eine Übung kann hierbei hilfreich sein:

Wir setzen uns irgendwo mitten in eine Wiese und bauen das Haus oder die Wohnung, in welcher wir leben, in diesem Augenblick gedanklich um uns auf. Oder wir bauen den Raum auf, den wir in dem Haus am liebsten haben. Das heißt, wir bauen ihn gedanklich physisch um uns herum auf und plötzlich sitzen wir darin. Wenn wir es gut machen, sitzen wir geistig und körperlich darin. Wir können in diesem Raum dann alles verschieben und alles bewegen und wenn wir geistig diesen Raum wieder verlassen, dann ist er nicht mehr da und wir sitzen wieder auf der Wiese. Fahren wir dann nach Hause und betreten den Raum, dann finden wir ihn so vor, wie wir ihn verändert haben.

Ein „Raum" kann so gesehen überall entstehen. Das statische eines Raumes fällt weg, weil wir ihn überall wieder entstehen lassen können. Sofern wir uns dann im Raum bewegen, bekommt Materie eine Schwingung von Ruhe und Statik, wobei die Materie jederzeit ab- und wiederaufbaubar ist.

Wie erzeugen wir diesen Raum? Wir erzeugen einen Raum vom Schöpfersignal aus. Dabei bilden wir einen Raum und geben ihm ein geistiges Signal. Die Dinge, die in diesem so erzeugten Raum geschehen, können auf verschiedenen Ebenen ihre Wirkung haben. Das heißt, wir können einen Raum erschaffen, der die physische Ebene mit einbezieht oder einen Raum öffnen, der mit der physischen Ebene gar keinen Kontakt hat.

Wir könnten also Hunderte Räume erzeugen, die mit dem Raum hier gar nichts zu tun haben. Oder einen Raum erzeugen, der auch physisch mit dem Raum, in dem wir jetzt sind, in Verbindung steht. Was wir in dem erzeugten Raum dann tun, geschieht physisch ebenfalls in dem Raum, in dem wir uns auf der Zeitschiene befinden. Die Trennung von Raum und Zeit gibt uns viele Möglichkeiten, in den verschiedensten Bereichen Wirkungen zu erzielen.

Wir können zum Beispiel damit spielen, indem wir in einem von uns erschaffenen Raum etwas kreieren und dann, ohne ihn zu schließen, später wieder in den Raum reinschauen, ob sich etwas verändert hat. Oder wir erzeugen einen Raum und schauen, was in dem Raum entsteht, wenn wir etwas darin auf einen Zeitfaktor gesetzt haben. Oder schauen, ob das, was wir in einem Raum kreiert haben, plötzlich in einem anderen Raum erscheint.

Das alles dient dem Plan, uns in unser spielerisches Schöpferbewusstsein zu bringen und durch das Spielen mehr Möglichkeiten des Lebens mit unserem Körper und unserem Bewusstsein hier auf der Erde zu entdecken und zu leben. Das Gleiche gilt für unseren Umgang mit Materie.

Wir haben es schon einmal erwähnt, da aber diese Erkenntnis und Wahrnehmung in den kommenden Jahren eine solche Veränderung in unserem täglichen Leben herbeiführen kann, können wir es nicht oft genug sagen: Von dieser Zeit an wird Materie für uns eine andere Bedeutung bekommen. Materie wird hier auf der Erde ein anderes Bewusstsein haben. Materie verändert sich in ihrer Grundform so, dass sie ein eigenes Bewusstsein erhält, aber in dem Sinne keinen eigenen Willen hat. Das heißt, wir Menschen können die Materie steuern. Wir können aus jeder Materie, der wir so etwas wie einen "Auftrag" geben, alles wachsen und entstehen lassen, was wir daraus entstehen lassen wollen. Wenn wir einem Stück Holz sagen, es solle jetzt ein Haus bauen oder einen Baum wachsen lassen, dann wird das entstehen. Oder die Materie selbst wird es, wenn sie die Informationen hat, entstehen lassen. Wir können ab diesem Zeitpunkt alles bauen – egal was. Die Materie wird sich sammeln und das Gewünschte bauen.

Als historisches Beispiel können wir die Pyramiden in Ägypten anführen. Die Pyramiden sind entstanden, weil die Materie selbst Bewusstsein hatte und sich selbst aufgebaut hat. Schöpfer gaben der Materie das Bewusstsein zu wachsen. Die Arbeiter waren auf diesen großen Baustellen so sehr mit sich und der Materie, die sie hin und her bewegten beschäftigt, dass sie von ihrer Warte aus betrachtet davon überzeugt waren, die Steine selbst bewegt zu haben. Die Menschen, die dort arbeiteten, waren geistig noch nicht soweit, dass sie diesem Wachsen hätten zusehen können. Sie wurden durch ihre Geschäftigkeit und Größe der Bauwerke abgelenkt und wunderten sich, was sie an einem Tag wieder geschafft hatten. Ein Zeichen dafür, dass die Materie sich bei diesen Bauwerken selbst aufgebaut hat, ist die Langlebigkeit – keine von Menschen geschaffenen Bauwerke haben diese Festigkeit und Dichte.

Wiedermal unvorstellbar? Auch die heutige Forschung experimentiert schon seit einiger Zeit mit Materie und es haben sich immer wieder neue Kombinationen unter den bisher bekannten Gesetzmäßigkeiten ergeben, die Erstaunliches hervorgebracht haben. Unter neuen Gesetzmäßigkeiten wiederum werden sich neue Möglichkeiten ergeben.

Über die weiteren Entwicklungen der Natur hier auf der Erde entscheidet immer noch das Bewusstsein der Sonne und Erde. Der Unterschied zu der Zeit davor ist, dass die Materie jetzt alles kann. Es ist freigeschaltet, dass wir diese neuen Möglichkeiten der Materie als Schöpfer auch nutzen können. Wenn wir einem Stein die Information geben, er soll jetzt ein Gebäude bauen, dann entsteht innerhalb einer gar nicht so langen Zeit dieses Gebäude.

Vielleicht hört sich das auch wieder unmöglich an, aber in den Wissenschaften (Quantenphysik) haben Forscher festgestellt, dass Materie gar nicht, wie bisher angenommen, „fest" ist! Das heißt, dass es in dem Bereich der Materie doch noch vieles aufzudecken gibt.

Das wirft natürlich die Frage auf: Wie sich die neuen Möglichkeiten der Materie auf die Wirtschaft auswirken können? Nun: Die wirtschaftliche Entwicklung wird sich entlang des Bewusstseins der Schöpfer auf der Erde entfalten. Wir haben viel mehr Möglichkeiten, wie wir Dinge sehr schnell konstruieren können, als wir uns bisher vorstellen. Was zur Folge haben wird, dass wir, nach weiteren bewussten Entwicklungen, noch mehr Unvorstellbares „konstruieren" können.

Das heißt, wenn wir sagen, wir bauen etwas, was wir eigentlich gar nicht mehr brauchen, oder irgendetwas in einem Raum bauen, damit es entsteht, brauchen wir nicht mehr viel dafür tun, sondern es entsteht bereits. Dadurch, dass zeitraubende Planung, Entwicklung, Produktion und so weiter wegfallen, haben wir für weitere Entdeckungen und Entwicklungen Zeit. Vom Signal her sind diese

Möglichkeiten in der Entstehung. Physisch gesehen wird es bereits 2015 bis 2016 die ersten neuartigen, physisch sichtbaren, von Schöpfern konstruierten, materischen Energien geben.

Hier möchten wir kurz in Erinnerung bringen, dass es schon viele für unseren Verstand außergewöhnliche Erschaffungen gab. Einige davon liegen in Schubläden und warten nur darauf der Mehrheit der Menschen auch gezeigt werden zu dürfen. Bisher war es oft so, dass Machthabern an einigen Vereinfachungen, Kostenersparnissen oder frei verfügbaren Dingen, gar nicht gelegen war und diese Erfindungen aus diesen Gründen nicht ihren Weg in die Öffentlichkeit fanden.

Da wir uns aber im Bewusstseinswandel befinden, ändern sich diese Denkmuster, was wiederum Auswirkungen auf die Zusammenarbeit der verschiedenen Bereiche von Wissenschaft, Politik, Gesellschaft und Wirtschaft in ihrem Mit- und Untereinander für alle Menschen haben wird. Gar nicht soweit davon entfernt ist der Bereich der Nanotechnologie. Das Bewusstsein der Menschen greift immer weiter in die Materie mit ihren Möglichkeiten in vielen Bereichen ein und schaut auch, wo sie es überall einsetzen kann.

Wirtschaftlich gesehen wird es Menschen geben, die sich mehr auf die Materie konzentrieren und als Schöpfer in diesem Bereich spielen. Und es wird andere geben, die diese Art des Erzeugens gar nicht als wichtig ansehen und sich das Haus oder was auch immer, dann von einem anderen Schöpfer einfach fertigen lassen. Oder wenn sie es selbst bauen möchten, das Bewusstsein eines anderen als Idee dafür hernehmen. In einigen Bereichen wird die Arbeit so sein, wie sie jetzt schon verrichtet wird, nur in der Materie und ihrer Be- und Verarbeitung entwickelt sie sich weiter. Daran ist zu erkennen, dass sich viele Berufszweige von Grund auf ändern können und auch werden. Manche Berufszweige entwickeln sich anders, weil bestimmte Abläufe vielleicht nicht mehr nötig sind.

Aus dieser Entwicklung kann jeder Schöpfer die Freude eines anderen Schöpfers übernehmen und sich von ihm etwas bauen bzw. erschaffen lassen. Oder sie erschaffen es gemeinsam. Wirtschaftlich gesehen kann jeder, wie auch bisher, von einander profitieren und nur die Arbeitsweisen können sich verändern. Dies ist eine Entwicklung, wie sie in jeder Epoche, in welcher neue Geräte oder Techniken entwickelt wurden, stattgefunden hat. Als Beispiel: Was früher von Hand gefertigt wurde, verrichtet nun eine Maschine und was heute eine Maschine fertigt, erzeugt in Zukunft der Geist mit bewusster Materie.

Das erweiterte Bewusstsein ermöglicht uns nicht nur Veränderungen in Raum, Zeit und Materie, sondern führt auch zu neuen geistigen Verbindungen. So werden wir Menschen uns in Zukunft schneller miteinander verbinden. Es werden neue Kontakte entstehen. Partnerschaften (familiär, freundschaftlich oder geschäftlich) werden sich auf energetischer Ebene ändern. Sie werden zu Schöpferebenen. Partner schauen, wo sie sich auf der Schöpferebene ausgleichen können und sind auf dieser Ebene gemeinsam aktiv. Dadurch, dass wir uns in einer neuen Ebene miteinander verbinden, entsteht ein neues Signal, ein insgesamt neues Schöpfersignal. Um uns diese Verbindung zu erleichtern, können wir die neue Energie der Sonne-Erde nutzen, da sie diesen Prozess bereits durchlaufen hat.

Wenn sich zwei Schöpfer miteinander verbinden, bilden sie ein neues Schöpfersystem und bleiben dennoch einzelne Schöpfer. Wir können uns vornehmen allein in diese Energie zu gehen oder es auch mit einem anderen Schöpfer als Partner tun. Wenn wir absichtlich mit einem anderen schöpferischen Schöpfer in diese Energie hineingehen, geschieht diese Verbindung wie von selbst. Sind mehrere Schöpfer gemeinsam schöpferisch viel tätig, entsteht diese Verbindung auch automatisch in dieser Energie.

Mit den neuen Möglichkeiten der Verbindung, verändert sich auch die Bedeutung von Partnern, wie wir sie bisher kennen. Einerseits haben wir den Partner (Geschäftspartner, Hobbypartner, Projektpartner, Kollegen, Verwandten, Freund u. s. w.), wie wir es jetzt noch kennen, andererseits bekommen wir aber neue Partner dazu, die wie eine Partnerschaft, aber hier auf geistiger Ebene, sind. Diese Partnerschaften können geistig eng verbunden sein, wobei sie sich nicht mit der physischen Intimität erklären lassen, da sie auf einer ganz anderen Ebene wirken.

In Liebespartnerschaften verbinden wir uns noch mal anders als in den oben beschriebenen Partnerschaften, weil wir mit ihnen in eine andere Einheit gehen. Dass heißt, in einer Liebespartnerschaft werden alle geistigen und physischen Ebenen gespiegelt. In geistigen Partnerschaften hingegen bleiben wir ausschließlich in der geistigen Ebene. Wir spiegeln nur die Ebene, die auf der geistigen Ebene für uns als Partnerschaft gerade wichtig ist. Auf der physischen Ebene spiegeln wir mit dem Liebespartner jedoch auch die physischen Bereiche wider, was wir nur mit einem direkten Liebespartner erfahren können.

Diese Arten der Verbindungen geschehen ab Mitte des Jahres 2013 ganz normal, sodass mehrere solcher Konstellationen entstehen können. Sie sind dabei nie in Konkurrenz mit dem eigentlichen Partner oder Liebespartner zu sehen, sondern im Gegenteil, sie verstärken meist noch diese Partnerschaft, durch die Erkenntnis der jeweiligen Besonderheit.

Das Thema Konkurrenz oder die Befürchtung, wir haben mit dem Einen mehr als mit dem Anderen zu tun, wird es so nicht mehr geben. Das Konkurrenzdenken geht zurück, denn wir wissen, dass wir selbst Schöpfer und die Besonderheit sind und das in dem anderen Partner genau so sehen. Es wird kein „Ich will mehr oder weniger von dem Partner" fortan geben. Jeder ist eigenständig und respektiert die Eigenständigkeit und Besonderheit auch in dem anderen.

Wir tun das zum einen aus dem Grund, weil wir Schöpfer wissen, dass wir alles selbst erschaffen können und in einem anderen Schöpfer die Chance des Besonderen sehen. Zum anderen, weil wir das Besondere bei dem Anderen, was sich von uns unterscheidet, auch sehen wollen. Aus diesem Grund gibt es keine Konkurrenz mehr.

Als Schöpfer wollen wir bei einem anderen Schöpfer nicht sehen, was der Schöpfer nicht kann, oder dieser mehr oder besser kann als wir selbst. Wir wollen das Besondere, was dieser Schöpfer alles ist, sehen. Nachdem wir diese Besonderheit bei dem anderen Schöpfer gesehen haben, können wir, wenn wir möchten, energetisch mit ihm arbeiten und etwas zusammen erschaffen – wir ergänzen uns und erkennen das an. Das eröffnet uns oft ein interessantes und neues Spiel.

Das Wahrnehmen und Zeigen seiner Besonderheit steht auch im engen Zusammenhang mit der Energie des Geldes. Geld wird, wie wir bereits in einem anderen Kapitel erwähnt haben, eine andere Bedeutung erhalten. Es wird nur noch eine Wechselenergie sein, in der jede Persönlichkeit durch ihre Besonderheit Energie erzeugt. Wir befinden uns in einem Energie-Fluss, weil wir eine Persönlichkeit mit unserer Besonderheit sind und nicht, weil wir nach einer Zeit oder nach dem System bezahlt werden. Wir erhalten die Summe an Energie, die wir selbst energetisch und vom Bewusstsein her sind.

Für einige wird das in dem Moment für sie sichtbar sein, in dem sie plötzlich ganz viel verdienen, da sie in ihrem vollen Schöpferbewusstsein sind. Oder es wird andere geben, die weniger Energie des Geldes erhalten, weil sie gar keine Lust haben schöpferisch tätig zu sein.

Wir erkennen jene, die keine Lust haben, schöpferisch tätig zu sein, daran, dass sie sich nicht mehr im Energieausgleich befinden. Ein energetisches Horten oder das Sammeln von Dingen, nur um sie zu haben, wird so nicht mehr funktionieren, da energetisch alles im Fluss sein wird, weil die Energien permanent wechseln und sich ändern.

Unsere Persönlichkeit und das Besondere an uns ist somit energetisch wichtig. Je mehr wir persönlich erscheinen, um so mehr Reichtum oder Wohlstand haben wir auf allen Ebenen (nicht nur monetär). Persönlich zu erscheinen heißt, schöpferisch und bewusst in uns zu sein. Gehen wir aber in den Stillstand, sind also nicht mehr schöpferisch tätig, haben wir für uns nichts mehr in Bewegung und keiner kann bei uns mitmachen, da wir kaum spielen. Es ist kein Fluss mehr da und die Energie nimmt ab.

Eine solche Entwicklung bedeutet, dass zum Beispiel ein typisches „Managergehalt" in Zukunft wegfallen wird, denn ein Manager strahlt nicht unbedingt aus, was er eigentlich sein sollte. Es gibt Menschen, die sind durch Verbindungen in höhere Positionen gelangt oder haben andere Aktivitäten angewandt und damit eine bestimmte Position erhalten. Sie haben den Posten nicht unbedingt erhalten, weil sie eine Persönlichkeit sind und das Besondere darin ausfüllen. Auch dass einige Persönlichkeiten in der Vergangenheit mehr oder großzügiger bedacht worden sind als andere, hat es früher schon gegeben, aber jetzt verändert es sich insofern, dass jeder in die Persönlichkeit gehen kann.

Die Sicht der Persönlichkeiten verändert sich nach den ersten Monaten in 2013 und verstärkt sich durch die neue Schwingung der Sonne-Erde bis Ende des Jahres. Energetisch vollbracht ist sie am Jahresanfang 2014. Im Jahr 2013 erleben wir in diesem Bereich bereits große sichtbare Schwankungen. Menschen, die ihre Persönlichkeit zeigen und sich als Schöpfer darstellen, stehen plötzlich ganz anders da und andere Menschen bemerken, dass dort etwas in Bewegung ist – und dass sich diese Bewegung von der einen auf die andere Sekunde ändern kann.

Die Persönlichkeit des Einzelnen zählt. Wenn wir energetisch eine starke Persönlichkeit sind, dann bekommen wir das, was wir für uns brauchen. „Was du dir wert bist, das bekommst du auch. Was das Besondere in dir ist, wird Anklang finden." Dies steht im Zusammenhang mit dem Erkennen seiner selbst, nicht mit dem Glauben: „Du erkennst, dass du ein Schöpfer bist und brauchst nicht mehr an dich glauben, weil du weißt, dass du das zu Glaubende selbst bist."

Viele Schöpfer wachen jetzt auf, nehmen ihre Persönlichkeit wahr, erkennen sich an und haben Spaß am Schöpfen. Wenn wir uns als Schöpfer darstellen, erhalten wir plötzlich eine ganz andere Aufmerksamkeit und Anerkennung. Die Energie fließt zu uns. Wir erleben plötzlich Dinge, die wir vorher nicht für möglich hielten. Das ist so, wenn wir unser Schöpfer selbst sind und leben. Es entstehen neue Verbindungen und Möglichkeiten.

Auch in der Wirtschaft wird es so sein wie mit der Persönlichkeit. Je mehr wir in die Persönlichkeit gehen, um so mehr wird die

Wirtschaft laufen, weil mehr Kontakte entstehen und mehr Menschen und Ideen in den Energie-Fluss kommen. Abläufe sind nicht mehr ortsgebunden, sondern können überall stattfinden. Das heißt, wir müssen nicht an einem Ort sitzen, damit wir etwas erzeugen, sondern wir erschaffen dort, wo wir uns gerade bewegen. Das wird sich in allen Wirtschaftszweigen so ereignen.

Was können wir Menschen tun, damit wir unsere Besonderheit entdecken? Wir entdecken unsere Besonderheit, indem wir als Schöpfer durch unser Erwachen erkennen, was wir selbst tatsächlich erzeugen und erzeugen können. Oder wir entdecken unsere Besonderheit, weil wir bei anderen Schöpfern sehen, wie sie ihre Besonderheit leben und was sie damit machen. So lernen wir auf diese Art uns selbst mit der Zeit kennen. Auch durch das Lesen dieses Buches kann sich die Wahrnehmung von uns selbst weiterentwickeln.
Einige Probleme bei der Verwirklichung dieser Entwicklung wird es für uns noch geben, da wir uns gerne auf das uns alt bekannte Schwingungsfeld einlassen. Auch wenn das nicht mehr wirklich gut für uns bestückt ist, lassen wir uns dennoch darauf ein, weil wir es noch überall sehen und es so einfach ist, darin zu sein. Das ist so, als ob wir an einem Tisch stehen und dort ein Glas mit Cola und eines mit Wasser sehen. Wir denken: „Ich trink einfach Cola!" und trinken die Cola und nicht das Wasser, obwohl wir wissen, dass ein Glas Wasser besser für uns wäre. Wir lassen uns auf das alte System ein, weil es auf der einen Seite einfach ist und weil wir auf der anderen Seite nicht aus dem Rahmen fallen möchten. Wir denken, es sei einfacher, so zu handeln. In Wirklichkeit ist es das aber nicht. Es ist viel schwerer, uns auf das alte System einzulassen, weil die Energien, auf der geistigen Ebene, dafür nicht mehr vorhanden sind.

Sie existieren nicht mehr wirklich, es ist nur noch eine Scheinenergie vorhanden und wird bis jetzt noch aufrecht erhalten. Zum Teil denken wir, wir hätten Freude an dem Alten, wie früher. Wir haben aber keine Freude mehr daran. Wir denken, es müsste noch Freude bringen, weil es früher so war oder andere sagen: „Das war früher gut und das ist auch immer noch so." In Wahrheit erfüllt es uns nicht mehr. Durch diese Veränderungen in unserem Leben verändert sich allmählich auch der Glaube. Wir lernen, an uns selbst zu glauben, uns anzuerkennen und zu erkennen, was wir wirklich sind. Was wir wirklich selbst sind, ist auch das, was für andere Bedeutung hat, wenn sie uns sehen. Andere Menschen sehen das an uns als wichtig an, was wir von uns selbst glauben. Wir werden schließlich zu dem was wir von uns glauben, weil wir uns erkennen. Alle Menschen beginnen dann zu wachen Schöpfern zu werden, da sie sich erkennen und nicht mehr Figuren eines einzelnen Spielers sind. Jeder Einzelne, jede Person ist dann wichtig. Jeder der Schöpfer ist und sich erkennt, ist keine Illusion mehr und für jeden sichtbar.

Zum Teil sind wir im Kapitel zur Entwicklung der Erde bereits darauf eingegangen, aber das verstärkte Aufkommen von Glaubenskriegen und Glaubensmachtspielen, hängt mit diesem Erkennen zusammen. Es ist wie ein Aufbäumen gegen die Veränderung. Religionsgemeinschaften werden auf der Raum-Zeit-Ebene weniger Bedeutung bekommen. Momentan halten sie noch sehr stark an ihrer Energie fest, weil sie diese Energie und ihre Weltanschauung gerade jetzt bekräftigen wollen, denn sie nehmen wahr, dass sie sich, durch den Glauben der Menschen an sich selbst und ihre Fähigkeiten, immer weiter auflösen.

Der „Glaube" in Religionsgemeinschaften mit seinem bestimmenden Selbstverständnis in der heutigen Zeit hat seit Mitte 2012 auf der geistigen Ebene bereits keine Energie mehr. Eine Energie dieser Religionen ist in dem Sinne nicht mehr vorhanden. Es werden nur noch die bisher bestehenden Spiele ausgespielt. So lange Menschen ihren Religionsgemeinschaften ihre Energie geben, ist das Spiel vorhanden, aber die Religionen werden bei den Menschen, durch ihre Veränderung im Glauben an sich, neue Ströme in den Religionen erfahren. In dem Sinne waren Religionen selbst ausschließlich als Energieebene vorhanden und kein fest installiertes System. Sie waren ein wichtiger Bestandteil, um ein Grund-Energiefeld aufzubauen, damit Schlafende auf der Erde ein Gerüst haben, mit dem sie erst einmal spielen lernen und ihre Möglichkeiten gezeigt bekommen. Auch haben diese Felder, obwohl sie zum Teil missbraucht werden und Menschen bevormunden, auch sehr viel Gutes in und für den Menschen hervorgebracht. Davon haben wir im Kapitel über die Entwicklung der Erde erzählt.

Viele Menschen nehmen schon jetzt eine Bewusstseinsveränderung wahr und sehen die Religion, die auf einer Machtstruktur aufgebaut ist, nicht mehr als das einzige Besondere in ihrem Leben an, sondern erkennen den Glauben und die Verantwortung an und in sich selbst. (Was auch das ursprüngliche Ziel einer Religion war.) Die Menschen, die an ihrer Religionsgemeinschaften festhalten, werden sich nicht mehr verändern. Sie leben diese Gemeinschaft bis an ihr Lebensende, werden alt und gehen. Sie spielen quasi dieses Spiel zu Ende. Danach transformieren sie sich und ob sie sich dann hierher auf die Erde transformieren oder etwas anderes machen, ist wie bei jedem anderen Menschen auch. Manche von ihnen sind auch Lichtwesen, die zu ihrem Schöpfer, als Teil von ihm, wieder zurückgehen.

Das Spiel der Religionen spielen wir Menschen folglich nicht mehr weiter, es läuft aus. Es wird dann auch niemand mehr weiter spielen wollen, denn es ist kein Bewusstsein mehr dafür da. Der einzige Weg, es weiter zu spielen, ist, dass jemand einen neuen Raum mit einer neuen Welt öffnet, um dort Religionsspiele weiter zu spielen. In diesem Raum ist dieses Spiel dann auch möglich.

Dass Menschen mit einem Glauben an eine Religionsgemeinschaft auch viel Energie erhalten (wie man es beispielsweise bei Sportveranstaltungen sehen kann, wenn Sportler beten und sich bekreuzigen), liegt daran, dass so viele Menschen an diesem Energiefeld festhalten und sie in diesem Energiefeld ihre Energien austauschen. Dieses Energiefeld wird mit der Zeit kleiner werden, weil mehr Menschen aus diesem Energiefeld herausgehen. In Europa können wir das an den jährlichen Kirchenaustritten sehen. Jüngere Generationen in unterschiedlichen Ländern sehen durch die Glaubenskriege der Religionen und die daraus resultierenden Machtkämpfe eher die Trennung der Menschen auf der Welt anstatt ihre Vereinigung in einem friedlichen Miteinander. Auch sehen sie sich dadurch zum Teil ihrer Freiheiten beraubt.

Wir sehen auch, dass sich der Rhythmus und die rituellen Abläufe, die sich bisher in unserer Wirklichkeit auch an der Kirche oder dem jeweiligen Glauben orientiert haben, verändern. Es gibt viele Menschen, die diesen Rhythmus nicht mehr sehen oder wahrnehmen und ihm auch keine Bedeutung mehr beimessen. Zum Teil vergessen wir, welcher religiöser Feiertag gerade war oder als nächstes kommt und spüren, dass auch seine Bedeutung in der heutigen Zeit für uns keinen Sinn mehr macht. Auch in anderen Ländern und in anderen Religionsgemeinschaften sind, bei jüngeren Generationen, Veränderungen, bis hin zu Eigenmächtigkeit und Selbstbestimmung, zu erkennen. Obwohl noch viele Menschen an alten Energiefeldern auf der Erde festhalten wird dieses immer kleiner.

Was geschieht, wenn Religionsgemeinschaften schwächer werden? Religionsgemeinschaften werden nicht durch andere Religionen geschwächt, sondern ein Schöpferbewusstsein breitet sich aus und mit diesem Bewusstsein sind Religionen nicht mehr wichtig.

Mithilfe der von uns beschriebenen, neu entstandenen Ebene der Erde und Sonne, können wir uns mehr und mehr selbst erkennen. Und durch das Erkennen, dass wir selbst Schöpfer sind, werden wir gezwungen sein, immer öfter in unser schöpferisches Wissen zu gehen und die Verantwortung für unser Dasein voll zu übernehmen. Es wird zunehmend schwieriger, anderen die Verantwortung zu überlassen und uns treiben zu lassen (die anderen sind Schuld, ich kann an der Situation nichts ändern u. s. w.). Wir können immer weniger vor uns selbst flüchten, sondern müssen uns zeigen und uns darstellen. Flüchten wir dennoch, spüren wir das an unserem seelischen und geistigen Empfinden und werden, bei nicht Beachtung, irgendwann unseren physischen Körper auflösen.

Schöpfer erkennen sich und das Besondere in sich und in dem Anderen an. Sie spielen und erschaffen gerne auch in Gemeinschaft, um überall weitere Besonderheiten zu entdecken und auszuprobieren. Dafür bedarf es keiner bevormundenden Religionen.

Und dennoch erleben wir auch zum Teil die Renaissance alter Dinge. Die Materie, die uns viel Freude bereitet hat, tritt wieder mehr ins Rampenlicht. Sie wird wieder sichtbarer für uns oder wir spielen wieder mehr mit ihr, wodurch wieder neues Bewusstsein entsteht. Das Materielle erhält nur kurzweilig eine Bedeutung, weil es für uns Schöpfer einfach ein Spaßfaktor ist. Das heißt, die Dinge, die energetisch keine Freude mehr machen und kein Bewusstsein mehr geben, verschwinden. Damit sind besonders die Dinge gemeint, mit welchen ein anderer Schöpfer etwas nur erzeugen wollte, damit wir abgelenkt sind.

So gibt es an jeder Ecke eine Fast-Food-Restaurant. Diese Restaurants wirken wie Bewusstseinsmanipulationen. Vom Bewusstsein her weiß man nach einiger Zeit nicht mehr, was gut oder schlecht ist, sondern hat das Signal: Es gibt beim Essen keinen Unterschied mehr. Dieses Bewusstsein, dass es keinen Unterschied in der Qualität und dem Geschmack der Nahrung gibt, wird sich verändern. Es gibt viele Menschen, die gut essen, aber viele von ihnen gehen noch oft in solche Restaurants zum Essen, obwohl sie es von ihrem Bewusstsein her anders wahrgenommen haben. Diese Art der Manipulation wird von unserem Bewusstsein in Zukunft nicht mehr anziehend sein, denn unser Bewusstsein wird von neuen Energien so überströmt werden, dass die Anbindung an die allgemein gültigen Gesetzmäßigkeiten des Massenkonsums keine Wichtigkeit mehr haben.

Es entstehen wieder eigenständige Produkte und Entwicklungen. Geschäfte entwickeln besondere Genüsse. Es wird Platz für das Besondere, auch in kurzer Zeit kreierte, geben. Das sich Fast-Food-Restaurants so weit entwickeln konnten, lag daran, dass sie die Einfachheit der Menschen angesprochen haben. Das heißt, wir mussten nicht darüber nachdenken, ob wir etwas Gutes oder Schlechtes für uns tun, sondern wir haben es einfach getan, weil es da ist, ja jeder tut und es aus dem Grund auch egal ist. Das finden auch Schlafende sehr gut, weil sie dann weiter schlafen können.

Von nun an kommt eine Zeit, in der Schlafende, durch die Veränderungen in dieser Zeit, nicht mehr so einfach weiter schlafen können, denn es werden in vielen Bereichen immer mehr Unterschiede gemacht und wir werden immer öfter fühlen und schauen, ob es für uns gut oder schlecht ist. Die meisten Menschen merken bereits, dass Einiges nicht mehr zeitgemäß ist und ändern ihr Verhalten dementsprechend. Sie merken, dass bestimmte Bewusstseinsmanipulationen für sie nicht mehr passend sind und gehen neue Wege. Sie entwickeln neue Firmen mit neuen Produkten. Sollte aus der Vergangenheit etwas dabei sein, was dem erweiterten Bewusstsein Sinn und Freude bereitet, wird es sicherlich Verwendung finden.

Wir konsumieren nicht mehr nur einfach, sondern wir gehen zur eigenen Erschaffung über und sind somit in Bewegung. Gleiches gilt für persönliche Themen der Vergangenheit. Die Menschen nehmen wahr, dass sie in ihrer persönlichen Entwicklung, über die ausschließliche Beschäftigung mit ihren Themen, nur langsam voran kommen. Sie begreifen mehr und mehr, dass sie sich über die innere Bewegung und wie sie lernen, sich zu bewegen, entwickeln und bewusster werden. Die Themen, die uns sonst „bewegt" haben, wie das Leid, werden mit der Zeit gar nicht mehr sichtbar und verändern sich.

Wirtschaftlich energetische Entwicklungen ab 2013

Europa beginnt, sich neu zu strukturieren und Firmen werden so hin und her bewegt, dass insgesamt in Europa eine Gleichmäßigkeit in wirtschaftlicher Hinsicht entstehen kann. Am Anfang können die Bewegungen sehr viel Unruhe erzeugen, da Firmen plötzlich an anderen Orten als vorgesehen aufmachen. Diese Umstrukturierung trägt jedoch dazu bei, dass Europa zu einem einheitlichen System werden kann. Was viele Menschen vom Bewusstsein her nicht gern sehen. Einige denken, sie könnten dadurch an Macht verlieren, denn das Machtthema löst sich durch diese Veränderungen auf und Europa erhält in der Welt wieder eine neue Bedeutung. Europa ist dann eine Einheit und es wird kein armes und reiches Land innerhalb Europas mehr geben, sondern der Reichtum wird verteilt.

In Nord- und Südamerika wird das gleiche geschehen. Sie werden zu einer Einheit ohne reiche und arme Länder und ihre Strukturen noch ein Zeit lang sehr stark ausbalancieren. Insgesamt merkt man in der globalen Wirtschaft plötzlich, dass es mehrere Motoren gibt, die sich, ausgehend vonseiten der Wirtschaft, verstärkt zusammenschließen. Es wird nicht mehr punktuelle Länder und bestimmte forcierte Wirtschaftsvorzüge geben, wo mehr passiert, sondern die Wirtschaft wird zu einer Einheit, in die alle Länder, auch ärmere Länder, in welchen man das jetzt noch nicht sehen kann, mit einbezogen werden. Länder ohne viel Industrie erhalten wieder Bedeutung, indem ihre Vorzüge gefördert werden.

Russland ist ein spannendes Land, denn Russland hat sehr viele geistige Menschen, die dort arbeiten und sich alle zu Schöpfern aufwecken werden. Wodurch es erst mal eine große Veränderung geben wird. Die ganze Struktur verändert sich. Sie werden viel experimentieren und so werden neue Systeme zwischen den Menschen entstehen. Ganz verschiedene Gebäude werden gebaut und alles wird sich ziemlich stark verändern. Die Politik, die momentan physisch noch ganz stark präsent ist, gerät ins Hintertreffen.

In China verändert sich das vorherrschende zentrale System. Viele Menschen, die dort leben, stammen von ein oder zwei Systemen ab und erwachen jetzt, verlassen die Erde oder hängen sich an neue Systeme, wodurch sich in diesem Land plötzlich ein anderes Spiel entwickelt. Sie orientieren sich neu.

Afrika ist energetisch gesehen ein ganz reiches Land. Dort werden die Schöpfer erst einmal diesen Reichtum zeigen. Es braucht noch ein wenig Zeit. Ab dem Jahr 2013 werden immer mehr Schöpfer dort erscheinen und den Reichtum des Landes, aber auch der Energien hervorbringen. Dadurch erhält Afrika in der restlichen Welt ein anderes Bild. Der Kontinent bekommt eine hohe gesellschaftliche Energie und wird fortan ein wichtiger Partner für die Welt.

Deutschland ist energetisch gesehen ein zentraler Punkt von Europa und erhält noch mehr Bedeutung. In Deutschland gibt es energetisch sehr viele Menschen, die Schöpfer sind und sich in andere Länder verteilen. Sie reisen in andere Länder, um andere Nationalitäten energetisch mit anzuziehen und das Schöpferbewusstsein zu verbreiten, damit nicht nur Deutschland ein Punkt ist, sondern ganz Europa ein Punkt für Schöpferbewusstsein wird. Deutschland hat momentan eine der stärksten Energieebenen. Hier bewegen sich die meisten wachen und die wenigsten schlafenden Schöpfer im Vergleich zu anderen Ländern. In anderen Ländern sind wenige aktiv und einige wollen auch nicht entdeckt werden. Wenn wir von hier unser Schöpferbewusstsein ausstrahlen, dann entdecken sich die meisten Schöpfer plötzlich. Dadurch, dass einige Schöpfer aber auch in andere Länder reisen, erreichen sie mehr schlafende Schöpfer und es wachen immer mehr auf.

In anderen Ländern, wie auch in den Vereinigten Staaten von Amerika, leben bereits viele wache Schöpfer. Sie sind aber nicht im Bewusstsein, Großes zu tun, denn momentan versuchen sie, energetisch eine Urgrundstimmung wiederherzustellen. Diese soll bezwecken, dass alles wieder in sanfteren Bahnen läuft und die Tendenz in die Richtung eines Liebesordnungssystem geht. Durch die Begegnung mit anderen Schöpfern aus Deutschland, die sich auf einer anderen Energieebene befinden, erhalten sie energetische Signale, durch welche sie später dann mitwirken. Zur Zeit sind sie jedoch noch sehr mit der Liebesenergie beschäftigt. Das heißt, dass momentan auf der Erde nur in Deutschland dieser besondere Punkt mit dieser Art der Schöpferenergie ist. Deutschland stellt das gesellschaftlich so nicht dar, aber viele Schöpfer tummeln sich hier, weil es von diesem Land aus leichter ist, das Schöpferbewusstsein zu streuen. Das basiert auf der Grundlage, dass wir in Deutschland energetisch freier als an anderen Orten sind.

Viele Energiepunkte und Tore der Erde, die bisher nicht geöffnet sind, befinden sich in Deutschland, sodass energetisch noch einiges während des Wandels geschehen kann. Auch in anderen Ländern gibt es Tore, die sich öffnen. In diesen Ländern befinden sich dann die Schöpfer, die Verbindungen mit anderen Schöpfern herstellen und die Informationen in ihren Ländern einbringen wollen. Sie wollen sehen, dass sich energetisch etwas bewegt.

Wir in Deutschland arbeiten mit dem System der kosmischen Weiterentwicklung. Die ganze Erde nimmt momentan wahr, dass wir Menschen auf der Erde, durch die Verbindung der Sonne und der Erde, ein großes System sind. Daran wirken alle Menschen mit, egal, wo sie sind. Nur gibt es von Deutschland aus sehr viel mehr Signale in alle Länder als von anderen Ländern aus gesehen. Aus dieser Entwicklung heraus werden die in der Politik getroffenen Entscheidungen keine Kampfentscheidungen mehr sein – nach dem Prinzip, wer ist unter uns der Bessere. Politiker nehmen erst einmal wahr, was sie tatsächlich tun und bewirken wollen und treffen daraufhin ihre Entscheidungen. Das ist ein Prozess, in dem einige Schöpfer aufwachen und die bisher gängige Art, Politik zu betreiben, ändern.

Es kann sein, dass sich die Politik, durch die Veränderungen im System, zu Beginn verlangsamt und sich danach sehr schnell weiterentwickelt. Insgesamt wird es hier in Europa noch europäischer und sich alles weiter öffnen. In anderen Ländern zeigen viele Schöpfer noch andere Möglichkeiten auf.

Wenn sich die internationale Politik zusammenschließt, wird sie stärker, als sie es vorher je war. Gemeinsam bringen sie viele Veränderungen auf den Weg. So etwas wie in Russland oder Weißrussland in 2012, wo Menschen klein gehalten werden, gibt es dann einfach nicht mehr. Energetische Verschiebungen treiben die Veränderung voran. In China wird sich die Art des Klein-Haltens ebenfalls auflösen.

Die Politiker werden mit vielen wachen Schöpfern reden, die selbst keine Politiker sind und durch diese Gespräche ihre Entscheidungen treffen. Sodass nicht mehr die Politiker unter sich entscheiden, sondern viele wache Schöpfer an den Entscheidungen mit verantwortlich sind. Die Politiker nehmen dann wahr, dass sie, besonders wenn sie wache Schöpfer geworden sind, über viel mehr Energie in vielen Bereichen und Ebenen entscheiden, als ihnen bisher bewusst war und dadurch einen viel größeren Kreis für mehr Entwicklung öffnen werden.

Bisher gab es kaum oder wenige wache Schöpfer, die Politiker werden wollten, weil es bisher noch kein Spaß war, Politiker zu sein. Bisher war Politik hauptsächlich ein menschliches Kampfsystem. Da die Politik jedoch eine neue Ordnung erhalten wird, wandelt sie sich zu einem positiven Werkzeug für die Menschen.

Im letzten Abschnitt haben wir, zu den im oberen Teil schon erwähnten Themen, ergänzende Fragen und Antworten.

Wie steht es um die Ressourcen der Erde?
Für die Ressourcen, die wir auf der Erde haben, gibt es kein Limit. Diese Begrenzung wird nur von uns Menschen so wahrgenommen. Die Erde erzeugt Ressourcen immer so, wie sie denkt, dass wir sie brauchen. Da die Erde jetzt nicht mehr von uns abhängig ist, ändert sich das Zusammenspiel in der Art, dass wir der Erde das Signal geben, was für uns an Materie wichtig ist oder wir erzeugen die Materie selbst. Die Erde stellt uns die Materie zur Verfügung und fragt nicht, wie viel wir brauchen, sondern erzeugt das, was wir gerade benötigen. Sie kümmert sich nicht mehr direkt darum, schaut jedoch auf der Schöpferebene, wo und wie es jetzt am Besten für uns ist.

Was verbirgt sich dann hinter den für endlich gehaltenen Ölmengen?
Öl gab es schon immer unendlich. Die Erde hat soviel Öl, das wir Menschen diese Mengen niemals aufbrauchen können. Das ist gar nicht möglich und ist mit allen anderen materiellen Dingen ebenso. Der Kampf um das Öl wird vorbei sein, da die Menschen mer-

ken, dass alles, was es auf der Erde gibt, unerschöpflich ist und von allem genügend da ist. Die Erde gewinnt daran, dass wir ihre Ressourcen nutzen. Dadurch setzt sie sich und wir uns in Bewegung, was positiv für beide ist. Öl ist überall auf der Welt vorhanden, wir haben es bisher nur noch nicht ausfindig und nutzbar gemacht. Es gibt noch genügend Orte mit Ölfeldern auf der Erde. Die Erde ist durch unsere Nutzung ihrer Materie in Bewegung und so auch wir Menschen, die wir Geld durch Öl und andere Materie bewegen.

Woran erkennen wir die stattfindenden Veränderungen der Erde?
Die Erde selbst ist nicht mehr an die irdische Zeit gebunden. Wir Menschen brauchen uns ab 2013 zwar auch nicht mehr an die Zeit binden, haben aber dennoch das Gefühl, dass die Zeit sehr schnell läuft. Physisch betrachtet bewegt sich die Erde jedoch insgesamt langsamer. Das können wir erfahren, wenn wir uns auf Sonne und Erde einlassen, dann merken wir, dass energetisch alles in einem anderen Zeitfenster abläuft und nicht mehr in der Zeit, die wir kennen. Bei uns ist es so, dass die Zeit, die wir uns als aktuellen Rahmen gesetzt haben, immer schneller läuft. Die Erde befindet sich jedoch in einer ganz anderen Phase. Wenn wir uns auf diese Phase einlassen, können wir den Unterschied spüren. Die Erde macht in ihrem eigenen schöpferischen Rhythmus weiter. Das ist ein anderer Rhythmus, denn die Zeiten der Erde und unsere Zeiten sind verschoben. Die Verschiebung der Zeit wird für uns bemerkbar. Wir nehmen die Lebendigkeit der Natur stärker wahr und die Natur macht sich selbst sichtbar, auch da, wo wir keine Natur mehr vermuten.

Die Erde erzeugt ab 2013 neue Pflanzen und Tiere.
Diese Tiere und Pflanzen werden von uns zwar physisch sichtbar sein, aber selbst keine physische Ebene mehr haben und bei uns

noch nicht aktiv eingreifen. Durch die energetischen Veränderungen können wir sie immer besser sehen. Sie kommen nur mit uns in Verbindung, wenn wir auf der Schöpferebene ein Signal geben, dass sie auf dieser Ebene mit uns aktiv sein können und wir ihnen dafür einen Raum bereiten, in dem wir zusammen etwas machen können. Wir müssen einen Raum bilden, der so beschaffen ist, dass sie hinein und wieder heraus können.

Räume können wir bei uns zu Hause oder überall dort erschaffen, wo wir das möchten und diese Wesen einladen. Sodann müssen wir sie noch einladen, damit sie mitwirken können. In einiger Zeit ist das nicht mehr nötig. Bis es soweit ist, tun sie nichts, wenn wir ihnen nicht sagen, was sie tun sollen und wir kein Signal geben. Sie sind dann einfach da oder nicht da.

Wir geben ihnen eine Materie (einen Stein, eine Pflanze o. ä.), sodass sie Materie in Form einer Gestalt haben können, um sich als Punkt zu finden, erst dann können sie wirken. Später brauchen die Wesen keine Materie mehr, damit sie mitwirken können, sondern nehmen nur noch den Raum, den wir energetisch überall erzeugen können. Zu Beginn geben wir den Wesen eine Aufgabe oder sagen ihnen, was Freude und ein Austausch für beide sein kann, sodass sie wissen, wie sie sich zu verhalten haben. Das ist wichtig, weil sie sonst vielleicht alles Mögliche machen, was gut oder aber auch nicht gut für uns sein kann. Das wissen sie nicht.

Es gibt verschiedene Ebenen, auf welchen sie wirken können. Es kann aber auch sein, dass sie auf der gleichen Ebene wie wir wirken. Das müssen wir immer vorher abklären. Aus diesem Grund erzeugen wir einen Raum, sodass sie alle in diesen Raum hinein können und ihn aber auch wieder verlassen können, um wieder in ihre Ebenen zu gehen.

Die Sonne-Erde ist 2013 ein eigenes System, ein eigener Schöpfer, unabhängig von dem Schöpfer, der die Erde kreiert hat. So entscheidet die Sonne-Erde auch unabhängig von den Schöpfern, die auf ihr wandeln, was sie an Naturformen hervorbringen möchte und was nicht.

Es gibt noch eine weitere Besonderheit in der Beschaffenheit der Materie für uns Menschen.
Wie wir oben beschrieben haben, wird Materie nicht mehr nur statisch sein, sondern sie wird eine Art durchlässige Ebene. So dient sie uns als Tor, damit wir in ein anderes Energiefeld gelangen. Wir müssen nicht mehr, wenn wir einen Stein vom Mars betrachten wollen, uns energetisch darauf einschwingen und den Stein und die Energie des Mars scannen und spüren. Es wird dann möglich sein, mit unserem physischen Körper auf die Ebene des Mars zu gelangen, wobei der Stein eine Art Transportebene oder Dimensionstor für uns geworden ist. Diese Art und der Weg des Transports dient uns Schöpfern als Zwischenschritt, damit wir lernen, uns, egal, wo wir sein wollen, hinzubewegen. Ein Schöpfer kann sich ja auf jeder Ebene und zu jeder Zeit darstellen.

Was geschieht, wenn der Schöpfer der Sonne und Erde und wir als erwachte Schöpfer gleichzeitig etwas auf der Erde erzeugen. Können wir uns in die Quere kommen?
Die gemeinsame Energieebene, die durch die Verbindung von Sonne und Erde enstanden ist, mit ihrem neu gebildeten eigenen Bewusstsein, sorgt dafür, dass es mit unseren Erzeugungen und jenen der Sonne-Erde keine Differenzen geben wird. Denn das Erzeugte wird auf der jeweiligen Bewusstseinsebene des Erschaffenden stattfinden.

Wenn die Erde etwas Neues konstruiert, dann haben wir keinen Zugriff darauf. Wir sehen es zwar, können es aber nicht ändern. Selbst wenn wir das Erschaffene jetzt vernichten würden, würde die Erde das Gleiche zum gleichen Zeitpunkt woanders entstehen lassen. Und, wenn wir etwas konstruieren, was sie nicht will, würde sie uns das Signal geben, dass sie das dort nicht haben möchte und wir würden es dann auch beseitigen. Wir können also schon alles machen, aber die Erde spielt auch ihr Spiel und derjenige, der am stärksten und mit viel Freude spielt, erzeugt die Dinge. Wobei es bei diesen Spielen nicht um das Gewinnen geht, sondern um das bewusst werden, was wir tun.

Die Erde ist mehr auf sich bezogen und wir immer mehr auf uns, wobei wir darauf achten, dass wir hier zu Besuch und zum Spielen hergekommen sind und nicht zum Zerstören. Es wird zwar wie immer Einige geben, die alles Neue auf ihre Art testen werden, aber sie werden, wenn sie es zerstören wollen, wenige finden, die sich mit ihnen daran freuen. Sie spielen das Spiel vielleicht einmal und dann nicht mehr, weil sie merken, dass sie daran keinen Spaß mehr empfinden können.

Wenn wir in der neutralen Liebe sind, gibt es kein „Zerstören" mehr. Die Liebe zur Zerstörung fällt ganz weg und sie fällt aus dem Grund weg, weil wir vom Bewusstsein in einem ausdehnenden, aber ebenso wachsenden Prozess und nicht mehr in dem Rückschritt befangen sind, dass wir das, was wir aufgebaut haben, wieder zerstören. Das ist auch ein Stück neues Bewusstsein. Es gibt diesen Schritt, Altes zu vernichten, um etwas Neues zu erschaffen, nicht mehr, sondern wir erfahren eine Ausdehnung und Erweiterung.

Diese Ausdehnung und Erweiterung beinhaltet auch, dass das, was wir konstruieren, sich in Zukunft selbst verändert, sobald wir unser Bewusstsein verändern. Wenn wir, wie oben im Beispiel, heute ein Haus von dem Stein bauen würden, der das Haus baut, und wir morgen sagen, wir können gar nicht in diesem Haus wohnen, weil die Schwingung für uns nicht mehr passt, dann ändert der Stein seine Schwingung, weil wir ihm das Signal dazu geben.

Die Information für diese Möglichkeiten ist ab 2013 vorhanden, es wird jedoch wohl noch einige Zeit brauchen, bis wir dies tatsächlich in unserem Leben umsetzten werden. Auf der physischen Ebene ist das ab dem Zeitpunkt 2013 möglich. Einige Schöpfer werden dann diese Spiele schon ausprobieren. Ab 2015 bis 2016 sind dann schon, wie oben beschrieben, auch einige dieser Neuerungen in Verbreitung möglich.

Die Reise als Schöpfer auf unserer Erde

IX. Ausblick

An dieser Stelle legen wir eine Pause auf unserer Reise als Schöpfer auf dieser Erde ein. Viele Informationen, die Sie gelesen haben, waren vielleicht nicht gleich verständlich oder hörten sich zum Teil vielleicht sogar absurd an. Andere Informationen haben Sie sogar verschlungen und waren froh, dass endlich mal eine Sichtweise geschildert wurde, die Ihren Gefühlen und Wahrnehmungen entspricht. Egal, welchen Eindruck Sie haben, Sie sind auf jeden Fall Ihrem persönlichen Bewusstseinsreichtum ein Stück näher gekommen.

Wahrscheinlich haben Sie ab und zu überlegt: „Ja, kann das denn wirklich so sein?". Oder: „Nein, so auf gar keinen Fall!". Ihr Denken und Ihre Gefühle sind mit neuen Betrachtungsweisen der Weltanschauung in Kontakt gekommen und geben Ihrem Verstand Einblick in eine weitere Ordnung und anderen Gesetzmäßigkeiten.

Wir ermuntern Sie, die von uns geschilderten Wahrheiten mit Ihren angelernten, erfahrenen oder selbst erzeugten Wahrheiten zu überprüfen: „Wie war das, was ich vorher empfunden habe und wusste und wie fühle ich mich mit dem, was ich jetzt über einige Bereiche gelesen habe?".

Überprüfen Sie für sich alles Wissen, das Sie hier gelesen haben und entwickeln Sie ein Gefühl dafür, wie es Ihnen damit geht. Wenn Sie sich nicht sicher sind, lesen Sie es erneut und schauen, wie sich Ihre Wahrnehmung entwickelt. Dadurch werden Sie immer offener und erhalten mehr Bewusstsein dafür, wo Sie selbst gerade stehen und was Realität für Sie ist.

Schöpfer sein und Verantwortung in seinem Denken und Handeln zu übernehmen, heißt nicht unbedingt, sein ganzes Leben umzukrempeln oder das Alte für schlecht zu befinden. Schöpfer sein heißt, bewusst zu sein und wo möglich, Neues in Altes einzubringen, Neues mit Altem zu verbinden und natürlich Neues auszuprobieren und zu experimentieren.

Wir hoffen, Ihnen einige neue Erkenntnisse durch unser Buch mitgeben zu können und Ihre Neugierde, Freude an Entdeckungen und an eigenen Erfahrungen in Ihrer eigenen Schöpferkraft wieder oder weiter geweckt zu haben.

Auch wenn es nicht immer einfach ist, alte Überzeugungen über Bord zu werfen, damit wir uns für unser neues Bewusstsein öffnen können, empfinden wir uns doch sehr lebendig, wenn wir, wie Kinder fühlen, wissen, lieben und spielen und überrascht sind, was es alles noch zu entdecken gibt.

Da uns immer wieder interessante Themen beschäftigen, wollen wir auch weiterhin schreiben. Wir haben uns dem Fluss des Lebens hier auf der Erde angeschlossen und werden in Zukunft viele spannende und der Zeit entsprechende Bereiche hinterfragen, wobei Roman Christian Hafner diese mit seinen einzigartigen Fähigkeiten gerne beantworten wird.

In unserem nächsten Buch widmen wir uns den Themen Kosmos, Wahrnehmung und Bewusstsein.

Zum Abschluss möchten wir noch beschreiben, warum wir das Y auf unserem Buchcover gewählt haben. Für uns symbolisiert das Zeichen Offenheit, Klarheit und reines Bewusstsein.

Wir wünschen Ihnen ein offenes Herz und neugieriges Bewusstsein auf Ihrer Reise als Schöpfer auf unserer Erde!

X. Glossar

Unser Glossar basiert auf Definitionen, die Roman Christian Hafner aus den jeweiligen Wissensfeldern der Begriffe abfragt.

Außerirdische
Sind von außerhalb der Erde kommend, aber innerhalb unseres Kosmos.

Beamen/Teleportation
Einmal gibt es die physische Ebene: Der Körper wird komplett transformiert und auf der physischen Ebene wieder irgendwo platziert („Scotty, beam me up!"). Oder wenn man das volle Schöpferbewusstsein hat, begibt man sich ganz in eine andere Ebene hinein, ohne sich erst zu transformieren.

Datenbanken
Datenbanken sind Felder, die Informationen gespeichert haben. Wir sprechen bei Datenbanken von großen Mengen an Informationen. So sind beispielsweise alle Informationen der Erde in einer Art Datenbank abgespeichert. Diese Datenbank können wir uns als Energiefeld vorstellen, in welchem alle Informationen eingespeist werden. Die Datenbank der Erde wird auch oft als Akasha-Chronik bezeichnet. Darüber hinaus gibt es auch Datenbanken unseres Kosmos (unseres Universums) und anderer Universen, die aber nur von wenigen Menschen bis jetzt ausgelesen werden können.

Devians
Devians sind Energiequellen, die direkt vom Ursystem stammen und ähnlich wie ein Schöpfer sind, jedoch ohne eigenen Spieltrieb. Sie sind Urwesen, die auch Planeten erschaffen und deren Eigenschaften bestimmen. Sie sind so lange auf diesen erschaffenen Planeten, bis sie ihn wieder zerlegen. Alles, was passiert, wird von ihnen beeinflusst. Sie sind vom Wesen her unvorstellbar groß. Sie sind eine Bewusstseinsenergie, die physikalisch wirkt und erschafft.

Dimensionen
Es gibt Dimensionsebenen als Bewusstsein um die Erde gelagert. Darin ist ein Spiel eingebettet, welches sich Schöpfer ausgedacht haben, um es hier zu spielen. Es besagt, je mehr Bewusstsein wir Menschen haben, um so mehr sind wir Wert. Das hat hier auf der materiellen Seite noch Bedeutung, aber auf der Energieebene ist diese Aufteilung nicht mehr von Bedeutung. Es ist nur ein Spiel. Es wird noch gerne benutzt, um Schlafenden und Lichtwesen das Gefühl zu geben, dass es eine Macht gibt.
Dann gibt es Dimensionen, die wie Energieebenen und in sich geschlossen sind. Sie befinden sich überall und können neues Bewusstsein öffnen. Es ist ein Spiel von mehreren Schöpfern, die zusammen Informationen in eine Art Blase hineingegeben haben und schauen, ob jemand sie entdeckt und öffnet, um damit zu spielen.
Während man sich beim erst genannten Begriff der Dimensionen hocharbeitet von Dimension zu Dimension, ist bei dem anderen Begriff alles auf einmal und sofort möglich.
Wenn wir in unserem Buch von den Dimensionen der Erde sprechen, dass sie von der vierten in die fünfte Dimension aufsteigt, dann ist damit gemeint, dass die Erde sich selbst Schritte vorgibt und diese nacheinander auch geht. Bei diesen Dimensionsschritten

wird jeweils ein Energiefeld geöffnet, wie gerade das energetische Verbinden von Sonne und Erde. Die dritte Dimension könnte man dabei als das Spielen mit der Materie bezeichnen.

Dualpartner
Wenn ein Schöpfer vom Kern aus gesehen auseinander geht, um sich im Innersten zu spiegeln. Es geht dabei um die höchste Wahrnehmung seiner selbst, denn im Endeffekt fügt er sich wieder zusammen.

Dualseele
Wenn mehrere Lichtwesen von einem Schöpfer erzeugt werden, besitzen sie das gleiche Grundsignal. Wir sprechen dann von Dualseele.

Ebenen der Kommunikation
Energiefelder, die vom Bewusstsein her zwischen den verschiedenen Wesensarten und geistigen Ebenen direkte Informationen austauschen. Wobei jede Information mit einer Signatur hinterlegt ist.

Elementarwesen
Dadurch, dass die „Elemente der Erde" ein Bewusstsein bekommen haben, sind durch das Bewusstsein der Elemente Wasser, Feuer, Erde und Luft Wesen entstanden. Dies sind die Elementarwesen. Am Anfang haben sie im Auftrag der Devians gearbeitet und sich dann aber selbstständig gemacht. Die Elementarwesen der Erde sind für die Wärme und die Bewegung im Erdkern der Erde zuständig. Sie achten auf die Frequenzen. Die Elementarwesen des Wassers speichern viel Informationen und erschaffen viele neue Tierarten. Die Elementarwesen der Luft machen das Gleiche wie

die Wesen im Wasser, springen aber permanent herum, die Energie ist nie fest – sie bewegen alles ganz schnell und ohne Stopps. Die Elementarwesen des Feuers sind erst später hinzugekommen, viele kommen von der Sonne und haben am Gleichgewicht der Sonne und Erde gearbeitet. Alle Elementarwesen haben bei uns keine bekannten Namen oder Bezeichnungen. Die Aspekte oder Lichtwesen dieser Elementarwesen sind die uns bekannten Elfen, Kobolde, Feen, Drachen u. s. w.

Engelebene
Es ist die Ebene, in der Lichtwesen eine Energieebene aufgebaut haben, in der sie sich treffen und untereinander kommunizieren können. Voraussetzung dafür ist ein gewisser Bewusstseinsstatus, der es ihnen ermöglicht, in diese Engelsenergie einzutauchen. Das Ganze ist wie ein Netz aufgebaut.

Felder
Felder können wir uns wie Energiecluster vorstellen, die Informationen tragen oder gespeichert haben. Es sind somit Datenpakete, die wir anzapfen können – praktisch gesehen geschieht das, wenn wir uns geistig auf die gleiche Schwingung einlassen, uns mit einem Feld verbinden und durch diese Verbindung an die Information gelangen, die in diesem Feld enthalten ist. Es ist so, als ob man mit jemand bestimmten telefonieren möchte. Um mit einer ausgewählten Person zu telefonieren, braucht man die richtige Telefonnummer oder Kontaktadresse. Es gibt Felder, die zu jedem Lebewesen gehören, die somit die Informationen über den Einzelnen oder das Einzelne tragen. Der Biologe Sheldrake spricht hier von morphogenetischen Feldern. Dann gibt es noch die Felder, die um die Erde aufgebaut sind und die mit bestimmten Informatio-

nen gespeist sind, um den Menschen zu helfen, sich auf der Erde zurechtzufinden. Besonders stark ist das Glaubensfeld oder religiöse Feld, welches um die Erde gespannt ist. Es dient vor allem Schlafenden als Orientierungshilfe. Es bietet ein starkes Band, an dem sich Menschen festhalten können.

Galaxie

Eine große Ansammlung von Materie wie Sternen und Planetensystemen, Gasnebeln, Staubwolken und sonstigen Objekten.

Geistige Schöpferebenen

Dies sind bewusste Energiefelder, die Schöpfer für andere Schöpfer kreieren, damit diese lesen können, was Schöpfer vor ihm dort schon gemacht haben.

Indigo- und Kristallkinder

Indigokinder und Kristallkinder haben eine höhere Sensibilität, Energiefelder betreffend, als andere Kinder. Sie sind auch sensibler im Erkennen von Schöpferenergien. Kristallkinder kommen von einer Forscherebene und können dadurch mehr Wissen erkennen und verändern. Indigokinder sind hier, um das Bewusstsein zu halten und die Frequenz im Bewusstsein zu vermehren.

Lesen

Das Lesen der Felder beschreibt die geistige Verbindung mit dem zu lesenden Energiefeld. Hierbei ist es hilfreich, emotionslos und im völligen Schöpferbewusstsein zu sein. Es wird mit der Intuition und mit dem Herzen und nicht mit dem Verstand gearbeitet. Die einfachste Form des Lesens ist das intuitive Lesen, Hören und Wahrnehmen.

Lichtwesen

Die oft genannten Lichtarbeiter, die uns beim Aufstieg begleiten und helfen, sind Lichtwesen, die von Schöpfern erzeugt worden sind und das Schöpferlicht permanent neu aktualisieren oder verstärken. Das tun sie, weil sie dadurch selbst ihre Kreativität als Schöpfer entfalten können. Schöpfer haben somit Lichtwesen erschaffen, damit diese schnellere Ebenen oder Bewusstseinsnetze erstellen, um es anderen Schöpfern zu erleichtern miteinander zu kommunizieren. Viele Engel sind Lichtarbeiter und übernehmen die Aufgabe Informationen zu sammeln und sie den Schöpfern auf den Lichtbahnen zu Verfügung zu stellen. Diese Engel können in geistiger Form aber auch in verschiedener physischer Gestalt auftreten. Es können Menschen, Pflanzen, Tiere und was auch immer sein. Damit sind aber nicht die bekannten Erzengel gemeint, denn bei den Erzengeln handelt es sich auch zum Teil um Schöpfer, die aus der geistigen Ebene in die physische Ebene eingreifen, wenn Schöpfer sich nicht mehr selbst finden.

Materisch-materiell

Diese Zuschreibung besagt, dass etwas nicht physisch erklärbar ist.

Nullfeld

Das Nullfeld ist die Urenergie, die alles ist und die Nichts in sich hat und sich dem anpasst, was gerade wichtig ist, dabei jedoch keine spezielle Form und keine Ausrichtung hat und aus der alles neu entstehen kann, da es keine Vorgaben und keine gespeicherte Informationen gibt. Sie gibt uns aber das Signal, dass man alles neu entstehen lassen kann. Das heißt, von unserem Bewusstsein aus zu sehen, dass es die Materie ist, die wir spiegeln. Und diese Materie war ohne Bewusstsein, also nur als Energie da.

Materie
Ist die wahrnehmbare physische Energie, die sich materialisiert.

Materie im Universum
„Gibt es die Dunkle Energie wirklich, so ist sie der Hauptbestandteil unserer Welt. Die Materie spielte dagegen nur eine Nebenrolle. Und von der wiederum wären die uns vertrauten Protonen, Neutronen und Elektronen nur ein kleiner Bruchteil. Das fordert das heutige Standardmodell der Kosmologie. Vergleicht man das, woraus unser Universum besteht, mit einer Tasse Cappuccino, dann entspricht die mysteriöse Dunkle Energie des Vakuums dem Kaffee, die ebenfalls noch rätselhafte Dunkle Materie dem Milchschaum – und die bekannte Materie bloß dem Schokoladenpulver. Mit anderen Worten: Kosmologen verstehen fast alles von allem nicht einmal ansatzweise.
Die Zahlen sprechen für sich: Nur gut ein Viertel von allem ist Materie, doch die meiste davon dunkel. Gewöhnliche Atome, überwiegend Wasserstoff, sind in der Minderheit: Sie schaffen mit nur 4,4 Prozent der Gesamtenergiedichte noch nicht einmal die 5-Prozent-Hürde im All. (Masse und Energie sind gemäß der Relativitätstheorie äquivalent, deshalb können Physiker sie auch direkt vergleichen.) Heiße Dunkle Materie in Form von Neutrinos macht etwa 0,3 Prozent aus, Kalte Dunkle Materie dagegen 23 Prozent. Woraus diese Kalte Dunkle Materie besteht, ist ungewiss. Die Hauptkandidaten sind unbekannte Elementarteilchen, die nicht der elektromagnetischen Wechselwirkung unterliegen ...“
(Vaas, Rüdiger: „Weltall in der Schockstarre", In: Bild der Wissenschaft, Ausgabe Nr. 4, 2010)

Qi
Ist nichts anderes als die Lebensenergie, die den physischen und geistigen Körper verbindet. Je größer diese Energie ist, um so stärker ist die Verbindung von physischem und geistigem Körper.

Realität
Realität ist das, was die Mehrheit als real empfindet. Realität ist aber auch alles, was als Gegenstand des individuellen Bewusstseins aufgefasst werden kann.

Scannen
Das Scannen beispielsweise eines Lebewesens erfolgt durch den direkten Abgleich mit dem idealen, gesundee oder optimalen Abbild des Lebewesens. Man stellt demjenigen, der gescannt wird, einen Spiegel gegenüber und bekommt dann die Informationen, die beim Abgleich unterschiedlich sind. So kann man beispielsweise beim Scannen einer Person feststellen, welches Organ nicht in Harmonie mit sich selbst ist. Man erkennt beim Scannen Unterschiede zum optimalen Abbild und kann dadurch Informationen herausfiltern.
Felder können gescannt werden, indem wir die Felder in sich energetisch spiegeln, um die Informationen, die wir brauchen herauszuziehen. Praktisch geht das so: Wir befinden uns im „Lesemodus", sind damit auch schon im Feld und mit dem Feld verbunden und spiegeln dann das hinein, was wir als Information haben möchten. Dann tauchen mehrere Informationen auf und wir ziehen die Information heraus, die für unsere Frage relevant ist.

Schlafende

Als Schlafende bezeichnen wir Menschen, die sich treiben lassen und nicht aktiv ins Spielgeschehen eingreifen. Schlafende haben den Spaß am selbstständigen Spielen noch nicht entdeckt. Es ist für sie interessant genug, sich treiben oder sich führen zu lassen. Derzeit haben wir noch viele Schlafende auf der Erde, die sich von wenigen wachen Schöpfern leiten lassen. Das ist absolut wertfrei zu sehen, denn es gibt in dieser Hinsicht kein Gut oder Böse. Wenn viele Schlafende jetzt aufwachen, wird es bald keine Massenmanipulation und keine starken Machtgefälle auf unserer Erde mehr geben.

Schöpfer

Als Schöpfer bezeichnen wir alle Lebewesen dieser Erde, ob Schlafende, Systeme oder Lichtwesen.
Der Begriff Schöpfer ist mit keinen vorherrschenden religiösen oder mythologischen Hintergründen verbunden. Wir verwenden ihn, weil das „Schöpfen" etwas erschaffendes, erzeugendes, hervorbringendes, hervor- oder ins Leben rufendes, in die Welt setzendes, entwickelndes, entstehen lassendes oder auch kreierendes ist. Wie die Schöpferin oder auch der Schöpfer eines Kunstwerks, respektive Projekts, und die Erzeugerin und der Erzeuger von Leben.

Schöpferenergie

Wenn ein Schöpfer seiner selbst bewusst ist, strahlt er seine eigene Energie, die Schöpferenergie, aus – dies ist dann für andere Schöpfer festzustellen.

Seele

Ist ein Energie Aspekt des Schöpferseins, das einem immer wieder das Bewusstsein gibt, was wir alles sind und was wir alles können. Wenn wir unsere Seele wahrnehmen, nehmen wir unser Schöpferdasein war. Die Seele ist dabei auch eine Energieebene, die einzigartig ist und ein hohes Bewusstsein und eine enorme Stärke hat. Die Seele ist die Grundenergie eines Schöpfers, die alles macht und alles kann, aber noch nicht die volle Genehmigung des Schöpferseins aktiviert hat. Durch das Aufwachen als Schöpfer geht die Seele von der Energie auf die Schöpferebene. Wenn ich als Schöpfer auf die Erde gehe, gebe ich mir ein Bewusstsein meiner selbst als absoluter Schöpfer mit, das ist die Seele. Wenn wir merken, dass wir die Seele sind, sind wir gleichzeitig Schöpfer.

Spiegelung/Abbild

Spiegelung ist der Anfang der Kreativität eines jeden Schöpfers. Damit wir uns selbst erfahren und entdecken können, spiegeln wir uns, das heißt, wir produzieren Abbilder unserer selbst.

Systeme

Als Systeme bezeichnen wir wache Schöpfer, die von sich aus aktiv sind und auf der Schöpferebene bereits andere Lichtwesen kreiert haben, die ihnen als Spiegel für verschiedene Lebensthemen dienen. Bekannte Systeme sind beispielsweise der Dalai Lama, der etwa drei bis fünf Millionen Lichtwesen kreiert hat. Diese Lichtwesen sind zu Beginn auch schlafende Schöpfer, können aber auch zu eigenen Systemen werden.

Als versteckte Systeme beschreiben wir die Systeme, die schon mal aktiv waren, sich aber dann wieder zurückgezogen haben und in die Passivität gegangen sind. Sie haben als Schöpfer noch nicht die ganze Verantwortung für sich übernommen. Sie werden kurzzeitig aktiv und gehen dann wieder in eine Art Stand-by-Modus. Das alles geschieht auf der geistigen Ebene, der Mensch bekommt davon wenig mit. Wir können den Zustand des „System-Seins" aktivieren, wenn wir unser Bewusstsein zum Schöpferbewusstsein anheben. Dies geschieht unter anderem, wenn wir willentlich und mit unserem Verstand akzeptieren, dass wir auf allen Ebenen für uns und unser Handeln voll und uneingeschränkt verantwortlich sind! Wenn wir spüren, dass wir die Verantwortung noch nicht übernehmen wollen, gehen wir oft zurück und verstecken uns wieder. Wir werden dann zum versteckten System. Alle Systeme, ob versteckt oder nicht, waren oder sind wache Schöpfer.

Unas
Unas wurden von Devians erschaffen – in der Art, wie wir Lichtwesen erschaffen würden. Sie haben eine sehr hohe Bewusstseinskultur erzeugt. Dadurch waren sie auf allen Elementebenen ausgerichtet. Das heißt, sie lebten in der Luft, auf dem Land und im Wasser. Die Unas haben auch Städte aufgebaut, allerdings in ganz anderen Dimensionen, wie wir es kennen und können und dazu viel Wissen über Materie gehabt. Für die Devians war die Erschaffung der Unas ein Experiment, inwieweit man Bewusstsein schulen kann.

Urkraft, Schöpfung
Urliebe, Urenergie, bedingungslose Liebe, ist die Energie des Unendlichen.

Urknall

Der „Urknall", von dem wir hier auf der Erde über die Entstehung des Kosmos reden, steht dabei ,ähnlich wie der Gedanke zur Entstehung der Erde, als Beginn der Spiegelung eines Schöpfers. Auf der Schöpferebene spielt es keine Rolle wie groß etwas ist. Wir lassen durch den Geist – Gedanken, Gefühle und Absichten – Leben, Materie und Situationen entstehen.

Die Symbole/Bilder aus dem Buch können Sie
auf unserer Homepage einsehen.

Mehr Informationen zu Seminaren, Updates,
Erscheinungstermin des nächsten Buches und Produkten
finden Sie auf unserer Homepage
www.y-sky.de